U0939825

神秘哀牢山 风情花腰傣

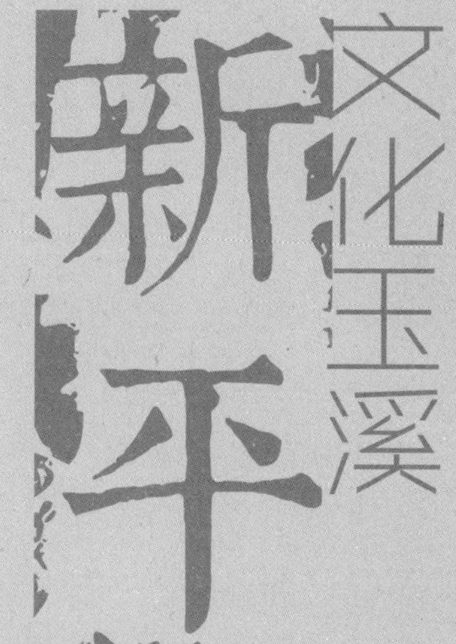

总顾问／张祖林
总策划／罗应光　饶南湖
主　编／杨兴荣　杨　洋
执行主编／普洪光
本卷主编／李春宏

云南出版集团
云南人民出版社

文化
玉溪
XINPING
THE CULTURAL ASPECTS
OF YUXI
新平

文化玉溪

XINPING
THE CULTURAL ASPECTS
OF YUXI

新平

图书在版编目（CIP）数据

文化玉溪．新平 / 李春宏主编．-- 昆明：云南人民出版社，2015.9
ISBN 978-7-222-12996-2

Ⅰ．①文… Ⅱ．①李… Ⅲ．①文化史—新平县 Ⅳ．① K297.43

中国版本图书馆 CIP 数据核字 (2015) 第 062544 号

XINPING THE CULTURAL ASPECTS

创意策划： 云南出版集团公司产业发展部
出 品 人： 刘大伟
责任编辑： 刘　焰　苏映华
设计总监： 袁亚雄
装帧设计： 云南非鳥文化傳播有限公司
责任校对： 文艺蓓
责任印制： 洪中丽

【文化玉溪·新平】

主编： 李春宏
出版： 云南出版集团　云南人民出版社　// **发行：** 云南人民出版社
社址： 昆明市环城西路 609 号　// **邮编：** 650034
网址： http：//ynpress.yunshow.com　// **E-mail：** ynrms@sina.com

开本： 787mm×1092mm　1/16　// **印张：** 17　// **字数：** 110 千
版次： 2015 年 9 月第 1 版第 1 次印刷　// **印刷：** 玉溪玉报印务有限责任公司

书号： ISBN 978-7-222-12996-2　// **定价：** 59 .00 元

如有图书质量与相关问题请与我社联系

审校部电话：0871-64164626　出版部电话：0871-64191534

总 序

聂耳故乡、生命摇篮——玉溪，是一座风光秀美、地灵人杰、文化独特的城市。

玉溪位于彩云之南、滇中腹地。东南与红河州相连，西北与楚雄州接壤，西南与普洱市交界，北部与昆明市为邻。昆（明）曼（谷）高速公路和泛亚铁路，像两条长长的游龙在玉溪的山水间穿越，市内四通八达的交通网络像经脉一样，连接着自然与人类、地域与认知、景色与情感，使玉溪成为通往东南亚、南亚的重要交通枢纽。玉溪独特的区位，波状起伏的高原地貌，立体温润的气候，像一双无形的手，把巍峨连绵的群山、逶迤清澈的溪流、毗连成群的湖泊安放在1.5万平方千米的大地上，成就了一幅气势磅礴、美丽绝伦的山水画卷。千百年来，勤劳智慧的玉溪人民，在“画”中播种着希望，收获着幸福，创造着多姿多彩的地域文化。这些文化星罗棋布，在这块神奇的土地上大放异彩，于是玉溪的山有了血脉，水有了情怀，人敢于担当，文化有了个性。

玉溪的山有血脉。5.3亿年前的古生物化石，是“生命的开始之地”、世界级自然遗产——澄江帽天山的血脉；以牛虎铜案为代表的青铜文化，是古滇国的核心区、国家级文物保护单位——江川李家山的血脉；记录古今文人墨客足迹、抒发政治家豪情、充满人生哲理的匾联文化，是秀甲南滇的通海秀山的血脉；在密林深处延伸着青春梦想的茶马古道、元江哈尼人雕刻在云里雾里的那诺梯田，用婀娜多姿的舞蹈和华美的服饰再现着古滇王国辉煌的花腰傣民俗文化，是新平戛洒自西北向东南一泻千里的哀牢山的血脉。山有了血脉，就有了生命、有了魅力！

玉溪的水有情怀。高远、包容、厚重是玉溪水的情怀。玉溪是一座潭泉、湖泊拥抱着的城市。这里溪流纵横、蜿蜒前行，滋润着万顷田畴，最后汇成南盘江和元江而奔向远方的大海；这里湖泊成群，抚仙湖、星云湖、杞麓湖和东风水库、飞井海、碧湖、玉湖等自然之湖和人工之湖像明珠一样在滇中大地闪烁着耀眼的光华。以清澈（Ⅰ类水质）、深邃、厚重、美丽为特质的抚仙湖蓄水量就有206.2亿立方米，占全国淡水湖泊的近1/10、占云南省九大高原湖泊的67%，是滇池的12倍、洱海的6倍。而且抚仙湖千百年来还守护着一个在地平面消失了的古城秘密，中央电视台两次水下探秘，也未能揭开水下古城神秘的面纱。玉溪水的特质，是玉溪人所具有的高远、包容、厚重精神的自然呈现。

玉溪的人敢担当。千百年来，在风云际会的历史舞台上，活跃着玉溪籍风流人物的身影。“军政双全”的三国蜀臣李恢、直言敢谏的明代言官王元翰、一生忠义的明朝大学士雷跃龙、政绩卓著的清代名臣赵士麟等，他们凭着一腔热情和担当名垂史册。禁烟运动的思想先驱朱嶟，冒着被贬的风险举荐林则徐，成就了虎门销烟的壮举。辛亥革命的枪炮声中打出的罗佩金、李鸿祥、谢汝翼、郑开文等玉溪籍将军群，在“重九起义”、援川、西征等战斗中建立功勋。在最危险的时候，聂耳谱写出时代最强音《义勇军进行曲》的旋律，发出中华民族最后的吼声。“滇军完人”唐淮源在中条山战役中率领将士抒写抗战史上最悲壮的一页。他们的民族气节惊天地、泣鬼神，他们的精神激励着一代又一代中华儿女，冒着敌人的炮火前进！还有落笔惊风雨的草书大家阚祯兆、钩摹勒石撰法帖的书画大家周於礼、文化交流的友好使者纳忠和纳训、主持翻译出版《资本论》的郑易里、缔造白药传奇的曲焕章，他们用知识和智慧造福人类，用心血和创造抒写灿烂人生。今天的玉溪人，血管里涌动着先辈的血液，正以敢为天下先的精神奋力前行，创造了“红塔山”奇迹，使玉溪戴上了“中国十佳休闲宜居生态城市”“国家园林城市”“国家卫生城市”“十佳和谐发展城市”“中国特色魅力城市”等桂冠，玉溪近十年就为国家和云南省上缴税收两千多亿元。

玉溪的文化有个性。玉溪是美丽中国版图中的一个部分，玉溪文化是中华文化这个母体中孕育发展的区域文化。长期以来，玉溪文化在传承本土文化中发展、在吸纳中原文化和其他文化中创新，自然与中华文化血肉相连，承载着中华文化的基因，呈现着多元文化的特质。但由于地理环境、历史人文、经济政治条件等方面的差异，玉溪文化在几千年历史文化积淀的基础上，也形成了自己的个性。玉溪的奇山秀水和万顷田畴就是这种文化个性形成的自然基础，像星星一样闪烁着光华的文物古迹就是这种文化个性的历史结晶，多姿多彩的民族风情就是这种文化个性的风俗再现，美丽的乡村、亮丽的城镇就是这种文化个性的时代见证。从微观看，玉溪文化的个性就是元江的它克崖画，就是玉溪人崴天下的花灯，就是玉溪窑烧出的一件件青花瓷器，就是世界上历时最长的节日——玉溪米线节。一句话，玉溪文化的个性就是千百年来玉溪人血液里流动着的敢为人先的精神气质！

玉溪文化的个性需要挖掘、需要审视、需要梳理、需要再现。“文化玉溪”丛书采用“1+9”的结构，即以一个综合卷为概览，综合介绍全市最精彩的文化现象。九个县区分卷，则分别介绍各县区的文化特色。“文化玉溪”丛书力图用历史的眼光，从文化的视角，对玉溪文化进行挖掘、梳理和审视，并用文化散文的形式，图文并茂地再现玉溪文化的精彩和个性。“文化玉溪”丛书的编辑出版，对于传承玉溪历史文明成果，促进玉溪文化繁荣，提升玉溪知名度，凝聚全市人民的智慧和力量，在实现中华民族伟大复兴中国梦的征程中，干在实处、走在前列，必将发挥重要的作用。

目录

新平遗梦

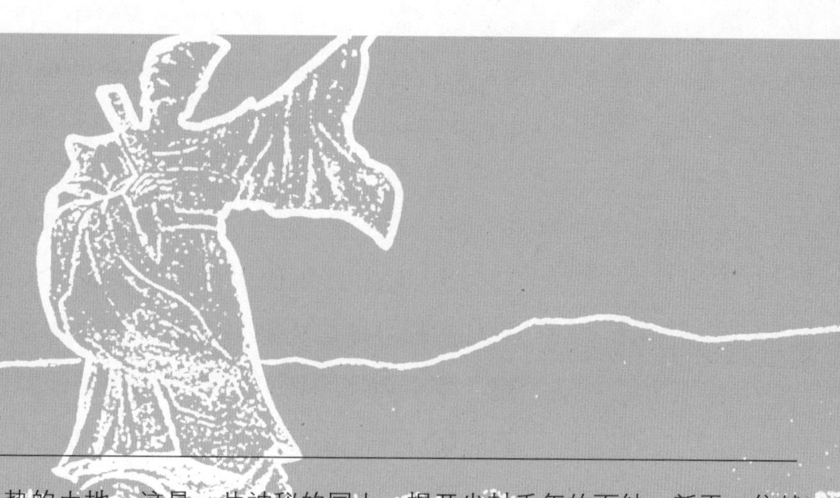

这是一片炽热的土地，这是一片神秘的国土，揭开尘封千年的面纱，新平，依然像一位精神焕发、神采奕奕的少年，拾起旧梦，怀揣理想，奔向未来。

新平，意为新近平定的地方。蓦然回首，历史的车轮就像一条弯弯曲曲的轴，它已走过424个年头。再看来时的路，恍如从前。金戈铁马，敌军山烽烟袅袅；戛洒江畔，大河汤汤，古老的濮人在金色的田畴里劳作；一条古道，就像一条连接古今的脉络，串起串串青铜的珍珠；那些遗落在茶马古道上的故事，就像风卷残花而起的梦，彩色了一代代世人的梦想。

风雨彩虹，历经岁月艰辛。用岁月和汗水铺筑的路，不是昙花一现，不是南柯一梦，不是戛洒江流的浪花，而是层层梯田里的金黄，是岁月洗不尽的矿藏，是《红河之日》那轮皎洁的月光。古老新平，熠熠生辉，年轻新平，日日生梦。大浪淘沙，洗尽铅华，新平的征程中，再续历史文化、人文精华的文明薪火。

新平，新平

新平不新，人文古老；新平不平，山多坝少。“一山分四季，隔里不同天”是新平气象的具体表现。“山头吃火气，山腰吃雾气，山麓吃热气”是新平农友勤劳致富的指路经。《红河之月》为新平小说开了先河，本土作家创作的优美散文诗歌，为跋涉神秘哀牢山、亲近新平花腰傣的山外朋友，捧出了一张斑斓的路线图。

20世纪50年代，有一位毕业于云南大学的学生，执意要到新平县工作。他以为那一定是一个又新又平的地方。他来到了日思夜想、梦牵魂绕的新平，看到的却是他梦中所见的背面。新平，不是新崭崭、平坦坦两个美好形容词的叠加。

新平不新，人文古老。他从历史中走来，一路歌唱。据史志记载，五千年前后，今天的漠沙江、戛洒江畔（均属红河上游）就有人在这里生活；三千年前的殷商时期，这里是“濮人”部族的居住地；秦始皇统一了中国，“僰人”部族在这片土地上繁衍生息。两汉时期，这里属益州郡；唐朝（南诏国）时期，江（指漠沙江、戛洒江）东部的土地属通海都督府，江西部的土地属银生府；宋朝（大理国）时期，均属秀山郡；元朝时期，先属宁州府，后属元江府；明朝洪武年间，直属云南布政司；万历十九年（1591年），“新平县”三个字第一次载入史志，直到今天。

新平不平，山多坝少。在全县总面积 4223 平方千米的土地上，山区面积达 4139.6 平方千米，占 98%，坝区面积仅有 83.4 平方千米，占 2%。全县以哀牢山、磨盘山、迤岨山、鲁奎山四大名山为兄长，牵手众多“小弟弟”，岁岁年年、春夏秋冬，展出新平山的色彩，展现山的壮丽，展演山的奇秘，演绎山的心事。

新平神秘，每一寸泥土上都会盛开出神话之花，每一棵绿树上都会结出传说之果。一个名叫“哀牢”的国家曾在这块土地上建立，却又在风云里神秘地逝去，留给后人无尽的遐想。遗下的产业，便是悬挂在哀牢山云峰峻岭上的层层梯田。新平，是“九隆”神话的发祥地。史载：一位名叫沙壹的女人在河中洗澡，触木而孕生子的神话故事，在哀牢山彝族、哈尼族、拉祜族、苗族等土著民族村村寨寨的火塘边传承。九隆神话，是新平少数民族同胞的一份沉甸甸的非物质

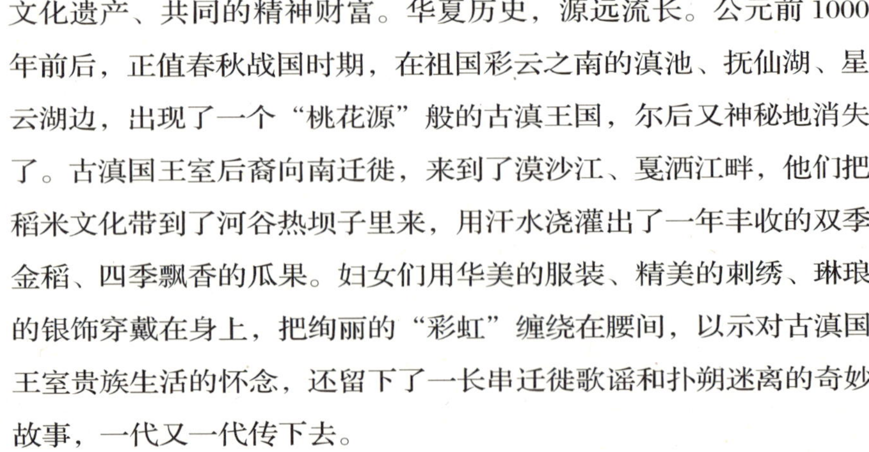

文化遗产、共同的精神财富。华夏历史，源远流长。公元前 1000 年前后，正值春秋战国时期，在祖国彩云之南的滇池、抚仙湖、星云湖边，出现了一个“桃花源”般的古滇王国，尔后又神秘地消失了。古滇国王室后裔向南迁徙，来到了漠沙江、戛洒江畔，他们把稻米文化带到了河谷热坝子里来，用汗水浇灌出了一年丰收的双季金稻、四季飘香的瓜果。妇女们用华美的服装、精美的刺绣、琳琅的银饰穿戴在身上，把绚丽的“彩虹”缠绕在腰间，以示对古滇国王室贵族生活的怀念，还留下了一长串迁徙歌谣和扑朔迷离的奇妙故事，一代又一代传下去。

新平广袤，山川峻丽，物产丰富。

在玉溪市八县一区中，新平的土地面积最大。海拔最高、最低的地方都在新平。莽莽哀牢山八百里，最高峰大磨岩山，位于新平西隅，巅峰冬季银装素裹，夏日苍郁幽碧；聂耳母亲的衣胞地漠沙镇南薅寨，终年皆炎炎夏天，为玉溪市土地的最低处。高山深谷，给新平送来了立体气候。“一山分四季，隔里不同天”是新平气候的真实写照。清晨，当戛洒江两岸正是风和日丽，人们徜徉于明媚春光的时候，哀牢山的茶盐古道上则雾浓风狂。“火烤胸前暖，风吹脊背寒”是拉祜族苦聪人的冷暖一天。“山头吃火气，山腰吃雾气，山麓吃热气”是神秘哀牢山、风情戛洒江，是新平彝族傣族自治县民众勤劳致富的指路经。

矿藏丰富。在新平哀牢山东麓，戛洒江畔的大片土地下面，有储量巨大的矿床，有铁、铜、金银、铅锌等 37 个种类 150 余处矿点，亦以铁矿、铜矿为主体。新平的铁矿占云南省 129 个县铁矿的 48.6%，铜矿占全省铜矿的 25%。新平的一江（红河）汇聚了平甸河、棉花河、大春河、小江河、西尼河、新化河等大小 32 条江河之水，形成巨大的水能资源计 127.22 万千瓦，可开发利用的水能资源 52.36 万千瓦。是巨大的水能电力推动了新平矿山机车的运转，点亮了新平 27 万人的生活，亦输电南方电网。璀璨的电光闪耀着新平财富的辉煌。

❶ 早晨，花腰傣小卜哨们捉鳝鱼归来了

❷ 穿红线，进寨门

❸ 高山上的舞者

❶ 流光溢彩的新平广场

❷ 花腰傣迎宾仪式

绿色天地。新平，在玉溪市森林覆盖率第一，原始森林有三十余万亩。山绿、水绿、坝子绿，天空飘荡着绿色云朵，天地之间绿风和畅。莽莽哀牢山，林海万丈，绿色如墨。百里磨盘山，苍黛滴翠，嫩绿鲜活，更喜千树马缨花为绿色梳妆打扮。古州野林，古木参天，碧绿与青天一色。戛洒江两岸，甘蔗似青纱帐，稻田翻滚着绿浪，果园绿荫如伞，还有绿色的槟榔，常绿的大青树，绿色的竹海，倒映在绿色的江面上。戛洒之绿，像一位妙龄妩媚的花腰傣姑娘。新平，绿色逐渐饱和。新平的绿色，对山外人是难舍的诱惑。走进新平，你会被深深浅浅、浓浓淡淡的绿色感动。在新平，你能尽情欣赏绿色、亲吻绿色、享受绿色。在新平，你一定会得到绿色的满足。在新平，你会找到绿色的全部。

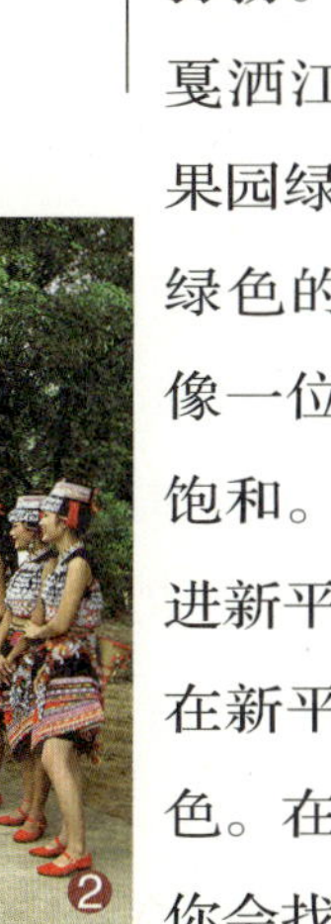

❶ 花腰傣傣卡支系

❷ 小卜少的鳝鱼笼里装满了收获

植物王国。新平是云南植物王国的袖珍版，植物的聚居地。在新平境内，有被称为活化石的桫罗树等珍稀植物 1016 个品种，其代表是国家一级保护植物伯乐树，国家二级保护植物野银杏，倒卵叶石栎等 15 种以及神奇的鹿啃木、有“感情”的树、夫妻树、结磨树……

动物乐园。在新平原始古林中，居住着数不清的珍禽异兽，有的还没有上“户口”，迄今知道的有国家一级保护动物，独生于此山中的西黑冠长臂猿和云豹、蟒蛇、白鹇，以及鲜为人知的肉角鸡、蛇头鸟、长胡子的青蛙……在这方乐园中，相思鸟、太阳雀、绿孔雀在林间自由自在地飞翔。丽日蓝天的中午，会有金马鹿徜徉在溪水边，从容不迫地观赏它映在水里美丽如珊瑚的双角。在静寂的古林深处，还会看到西黑冠长臂猿母亲带着一家子攀藤荡枝摘果

❶ 民族大团结

❷ 文艺家徒步征服了哀牢主峰大雪锅山

的影姿，听到呼儿唤女的清脆话语。

鲜花的海洋。春风初度，哀牢山青山绿水间的鲜花绽放了。最亮眼的是“树头万朵齐吞火，残雪烧红半个天”的红山茶。继而，磨盘山、鲁奎山、迤岨山山系的千岗万峰上的鲜花次第开放了。马缨花似一团团燃烧旺盛的火球抢占了磨盘山的高枝，凌风飘舞，独领风骚。戛洒江、漠沙江两岸的凤凰花展一身艳丽，亭亭玉立在傣乡的道路幽径两旁，木棉花吮吸了整整一个冬天河谷的太阳光热，怒放满腹烈焰，铺一江火红。于是，新平百花争春、江河秀美、大地芳菲。更可喜的是 2013 年秋冬，种植于县城的樱花，可谓“满城尽现樱花开”。20 世纪散文大家李广田先生有言：“春光似海，盛世如花。”我想把李先生的闪光诗句种植于今天的新平，应恰如其分吧！

新平民族众多。各民族团结互助、和睦共处。在新平广袤的热土上，世世代代居住着彝族、傣族、哈尼族、拉祜族等 8 种少数民族同胞。少数民族人口占全县总人口的 70%。经国务院批准，于 1980 年 11 月 25 日，成立了新平彝族傣族自治县。其中，彝族、哈尼族主要居住在山脉缓坡的向阳地和山坳的溪流河旁。聚居在漠沙江、戛洒江两岸的花腰傣，崇拜祖先，信奉万物有灵，风俗迥异，占全国花腰傣总人口的 80% 以上，新平，当然地获得了众口同声“中国花腰傣之乡”的美称。新平的每一个民族，都是一树盛开的鲜花、一幅斑斓的画图、一支响亮的歌曲。

新平文化灿烂。文化新平，主要源于众多的民族和广袤的土地。各民族在土地上绽开的芳华，百花争妍；结出的硕果，醉倒了每一座村寨，温饱了每一个家庭。各民族精神之星辰，在深邃的夜空中闪耀着亮眼的光辉，照亮了每一个村庄的良宵。彝族毕摩文化定格在卷帙浩繁的彝文书里。戛洒江、漠沙江畔的花腰傣，与古滇国王室的渊源及其迁徙歌谣、

美丽的新平吸引了 CCTV 模特电视大赛到新平拍摄外景

叙事长诗、民间故事，洋溢着古朴、神奇、悠远的风情，如同悬挂在雨后初晴蓝天上的彩虹一样绚丽。以“花街节”秧箩饭为代表的民俗，像磁石一样天天吸引着国内外朋友的心。被西方人誉为大地雕塑的哈尼族哀牢山梯田文化，早已经声名远播五洲四海。作家冯德胜驻足高山寒林边上的苦聪山寨，创作的长篇小说《太阳地》，已经走出山外、越走越远。聂鲁、辛平、建安、阿力等作家，挚爱故乡，用个人真诚的才智之笔，饱蘸痴情之墨，写出了感怀新平的小说、赞美新平的诗歌散文。为跋涉神秘哀牢山，亲近风情花腰傣的人们奉献上了一张路线图。今天，新平各少数民族神秘而深邃的文化及其许许多多文化细节，像热土上盛开的百花一样艳丽芳香，像天上的群星一样晶亮灿烂。新平多元文化优势已经形成异彩呈祥的文化强势。文化新平，在滇中大地上独树一帜。2013 年，中国楹联学会把中国楹联县的牌子授予新平，就是文化新平的又一亮点，亦是文化中国对文化新平的高调喝彩。

鸣鼓营碑与新平

新平在血雨腥风中诞生，鸣鼓营碑见证了它的全程。

明朝万历辛卯年（1591 年），钦命挂帅总兵邓子龙，残酷镇压了磨盘山普应春领导的彝家军以后立县，意即从新平定的地方，“以镇抚夷众，名曰新平”。

《鸣鼓营碑》是新平县建县的标志。

石碑原文如下：

破敌军山，平核桃箐，焚白改寨，扫麻栗湾，擒斩万计。

万历辛卯季冬二十三日也

钦命挂印总兵丰城邓子龙立

新平县，在血雨腥风中诞生。鸣鼓营碑，目睹了明王朝南疆大吏和地方官员残酷镇压以普应春为首的彝族人民，为求生存而进行的抗暴斗争后，弹冠庆贺的笑脸；目睹了新平县成立之日，大小官员在盛宴上高举酒樽的得意；同时闻到了磨盘山野血雨乘着腥风飘来的令草木也眩晕的味道；闻到了磨盘山方圆百里的彝家村寨中，寡母孤儿呼天喊地的悲恸。冰寒、沉重、漆黑的鸣鼓营碑，是新平县成立的忠实见证。从此，“新平”这个县名，在中国历史上，在地方志书中出现了，直到今天。新平县的诞生，一定要从鸣鼓营碑说开去。

明朝晚期，朝廷腐朽，大官腐败，地方官吏横征暴敛，上下一气鱼肉百姓。当时在朝廷做大官的云南省宁州（今华宁）进士王元翰曾多次上疏皇帝说：“榷税满天飞，致使小民怨声彻天。”“民不堪命，致杀税使。”“虐政不除，滇不为滇，尤未可保也！”

生活在水深火热中的中华儿女，少数民族同胞在深水的最底层、烈火的最中心。世世代代居住在磨盘山区的彝家人，为了活命，普应春扯旗抗暴，一呼百应，声威远播，震惊朝廷，其势力一度到达了平甸河两岸。明朝皇帝神宗朱翊钧，遂派遣参将邓子龙征讨。两军对垒于鸣鼓营（邓子龙大本营即今天的花山公园）和磨盘山（普应春军营）。邓子龙消灭普应春是从“破敌军山”开始的。

敌军山，海拔 2614 米，是磨盘山之巅。山上怪石嶙峋、古树苍天、蒿草杂呈。其间，人工挖凿的石门、石径、石梯、石凳、石桌，今天依然清晰可见。山头巉岩壁立。站在巍峨绝巘的敌军山顶，可东瞰石屏异龙湖渔舟穿梭，西眺哀牢山青峰翠岭，南俯茶马古道直达元江，北观五花山岗，邓子龙军营尽在眼底。真是一览众山小、动静皆掌中，又自古上山之路独一条。为了抗击明军，普应春还在山中修筑壕道、在山头修筑垛口，敌军山委实一夫当关、万夫难开之地，但固若金汤的敌军山终被攻破了。继而邓子龙挥戈“平核桃箐，焚白改寨，扫麻栗湾，擒斩万计”。

可叹！寡不敌众。更有身经百战、戎马倥偬、武功神奇的邓子龙将军亲自指挥战斗，普应春统领的彝家军灰飞烟灭了。上述赫赫二十字，尤其“破、平、焚、扫、擒斩”六个大字，足见邓子龙用词之精准。邓将军不但武略盖世，文韬也拔萃，文采飞扬。他有诗词《横戈集》等墨宝传世。同时，从这六个大字中，足见普应春领导的彝家军浴血奋战、不惧死伤、顽强抗御，威武不屈的民族

沉重、古旧的鸣鼓营碑，是新平县成立的忠实见证

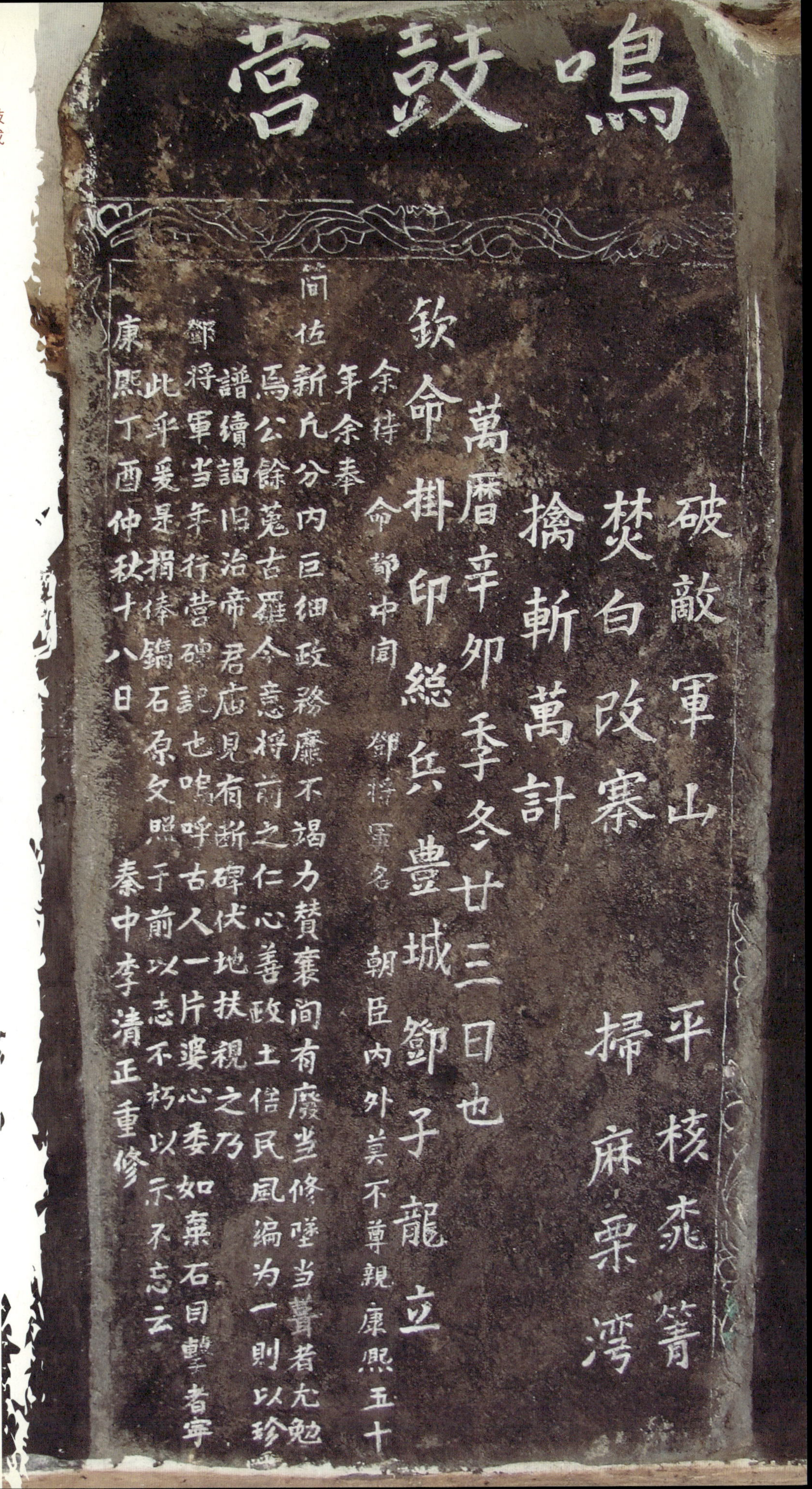

鳴鼓營

破敵軍山　平核桃箐
焚白改寨　掃麻栗灣
擒斬萬計
萬曆辛卯季冬廿三日也
欽命掛印總兵豊城鄧子龍立

余特命鄧中閫鄧將軍名朝臣內外莫不尊親康熙五十年余奉簡佐新凡分內巨細政務靡不竭力贊襄間有廢當修墜當舉者尤勉爲公餘蒐古羅今意將前之仁心善政土俗民風編為一則以珍譜續謁旧治帝君庙見有斷碑伏地扶視之乃鄧將軍当年行营碑記也嗚呼古人一片婆心委如棄石目睹者寧此乎爰是捐俸鐫石原文照于前以志不朽以示不忘云

康熙丁酉仲秋十八日　秦中李清正重修

硝烟早已散尽，可曾经的那场战争在今天的敌军山依然清晰可见

精神。真可谓："旌蔽日兮敌若云，矢交坠兮士争先。……出不入兮往不返……首身离兮心不惩。诚既勇兮又以武，终刚强兮不可凌。身既死兮神以灵，魂魄毅兮为鬼雄。"摘自我国伟大诗人屈原的《国殇》。时至今天，走近石碑，人们还能从六个大字中追想当年敌对双方战斗的惨烈，那喊杀声、锣鼓声，振聋发聩。刀剑之寒光下，鲜血喷涌汇溪成河的惨状。

邓子龙为了边疆的安定、明王朝的统一，立下了功勋，乃胜利的英雄。败也英雄。在奔腾的中外历史长河中，可以打捞起许多败者英雄。中国人有一段沉重的记忆，宋王朝的文天祥屡战屡败，可视为失败英雄的典范却颇受后人敬重。彝家人怀念本民族的英雄。在普应春走进历史的几年后，一部名叫《英雄普应春》的彝文书，在磨盘山彝家寨子的火塘边出版了。《英雄普应春》跟着月亮静悄悄的脚步，走下磨盘山，走上哀牢山、鲁奎山、迤岨山，走进了彝族村寨的千家万户。在火塘边，在彝山村寨私塾，被一代又一代彝家子孙朗读传授。

邓子龙镇压了普应春之后，当年便上奏朝廷：请割元江、石屏、嶍峨（今峨山县部分）、河西（今通海县河西镇部分）、新化州等地建立新平县。朝廷批示照办。旋即，派遣第一任县官李先芬统治这块重新平定的地方，并追风赶火地在五花山（鸣鼓营）后的缓坡上建筑土城（即今旧城村），"以镇抚夷众，名曰新平"。

历史的车轮滚滚向前，423个春花秋月，夏日冬雪已经过去了。今天，当年干戈的余音已经遥远，烽火的烟云早已散尽。改革开放以后，新平名贤周祯，把张仕儒（新平一中语文教师，华宁人氏）发现倒覆在荒郊夕照里的鸣鼓营碑小心翼翼地修饰后，镶嵌在新平龙泉公园藏碑亭中。

桂山古建筑群历史文化

古时新平老城北靠五桂山，南襟平甸河，由相连在一起的大城和小城组成，总面积约 0.5 平方千米。大小城都有四道城门，上有城楼。大、小城组合在一起形似葫芦，土官箐水自北向南穿城而过，故新平城被喻为“金线吊葫芦”。

桂山古建筑群主要包括明代寺观、清代民居和民国民居，散见于新平县城北部的老城区。

曾经的老城北靠五桂山，南襟平甸河，因地就势，形状独特，由相连在一起的大城和小城组成，总面积约 0.5 平方千米。大城又称石城，始建于明崇祯七年（1634 年），城墙为石基、砖墙，墙头有城垛，四道城门上有城楼。清康熙三十七年（1698 年），大城南面接建小城，小城又称土城，城墙为石基、土墙，城墙上有炮楼，四道城门上有城楼。大、小城形似葫芦，土官箐水自北向南穿城而过，故新平城被喻为“金线吊葫芦”。可惜的是，自抗日战争胜利时建盖学校拆城砖开始，优美的“葫芦”外壳一点点被机关单位和少数居民蚕食，终于在 20 世纪末完全消失。老城内众多的古建筑，如城隍庙、土主庙、武侯祠、文庙等，也在“大跃进”“文

❶ 富春街古宅

❷ 雕花

革”和改革开放建设中遭到破坏或毁灭。硕果仅存的古建筑，宛若一盒盒老旧的楠木书匣，珍藏着一函函永远读不透的新平古籍。

明代寺观

今年 5 月下旬，我和好友一一走访了老城内十几座年代较久、保存较好的古建筑。

我们首先来到了鲁贤街 2 号的清真寺大门楼。清真寺始建于明万历十九年（1591 年），是新平县唯一一座清真古寺。2010 年重修时，礼拜殿由明代建筑风格改建为阿拉伯建筑风格，只有大门楼还保持原貌。大门楼为六方体亭阁式，一楼一底独立建筑，底层为

方形大门，二楼为叫拜楼，用以召唤信众礼拜。门外左右两旁各立石狮一尊，石狮上各竖一檐柱，门内各有两棵全柱，均立于柱石上，柱石镌刻梅花、荷花、芙蓉花、石榴花。门头横梁下悬“派衍天方”匾额一块，系清光绪庚子年（1900年）慈禧太后逃到西安为小皮院清真寺题词匾额的复制品。楼亭檐柱，饰以西式长瓶雕刻，亭阁六面开窗，窗外设有护柱，亭内二楼悬挂一口大钟，亭尖镶宝顶。

我们边看边议，对门楼的精美、大气赞不绝口，对明代建筑风格礼拜殿的拆除深表遗憾。我说：“假如保留住原礼拜殿，再往西征用一块土地新建一座阿拉伯风格的礼拜殿，新平的伊斯兰文化将会显得更加的厚重。”大家深以为然。看着屹立在阳光中的清真寺大门楼，我不禁想起了四百多年来新平回族人民与各族群众和睦相处、同舟共济、共创美好家园的一幕幕……我祈愿清真寺大门楼与新平各族人民的友谊相守相伴、万载同存。

从清真寺北上，几分钟就到了文庙街55号的玉皇阁。玉皇阁坐北朝南，占地420平方米，檐柱4棵，全柱10棵，三开间，为每边2.1米的正方体，高约9米，一楼一底。重檐歇山顶，穿斗式构架加挑头方，檐板、雀替有色彩暗淡的花草云纹，窗饰菱形，四扇格子门，二楼的壁板上有模糊的字迹，现屋架完整，门窗改装，阁内间隔，有3户居民居住，未列入文物保护对象。我们走访了每一户居民，他们都是租房户或近年才买房的，对玉皇阁的历史一派茫然，只有一个老人说这里过去是一座大庙。清道光《新平县志·重修玉皇阁序》记载：“唯玉皇一阁创自明代，建县时，前为三官殿，后设观音大士像峙其中，规模颇闳伟；上奉玉皇，下则真武，铸相重约千钧。”王皇阁早在明万历十九年（1591年）建县时就已经存在，清嘉庆乙丑年（1805年）重修，是一座佛道并存的庙宇。

仿佛只要推开这道门，就可回到旧时光

❶ 富春街普氏民居

❷ 深宅大院

玉皇阁也许是新平现存最古老的房屋建筑，它见证过一段波澜壮阔、翻天覆地的历史。明代之前，万山丛中的新平大地和世居民族基本游离于史籍之外。明洪武开始，在新平（包括马龙他郎甸长官司和新化州）施行“土流并存”“改土归流”的统治政策。于是，自洪武二十二年（1389 年）程本立来到新化开始，来自全国各地的进士、贡生、举人们纷纷来新平任职。与此同时，李、王、普、郭、陈、尉迟、沐等姓汉族和回族也从全国各地来新平定居，悲壮的民族融合在曲折中推进。佛教来了（据周祯老先生说，桂山盘龙寺建于明嘉靖年间），道教来了，儒教来了［文庙建于万历十九年（1591 年）］，伊斯兰教来了，明代新平的文化发展进入了一个新天地。

抚摸着粗大的木柱，嗅闻着枯朽斑驳的木香，我仿佛听到了玉皇阁的呼吸。

清代民居

民国二十二年（1933 年）《新平县志》载：新平“居处屋宇，城乡各异，城中以瓦楼正三间四耳一大门为率，名曰一颗印，土楼房形式亦如此，唯屋系土平房居多，有楼房者较少”。新平县城被列入县级以上文物保护单位的 12 座民居，基本都是“一颗印”式建筑，只是有几间由于土地限制无法建盖倒座而有所变形。“一颗印”民居由正房、厢房、倒座组成四合院，瓦顶、土（砖）墙、平面和外观呈方形，方方正正好似一颗印章，故被称为“一颗印”。“一颗印”式民居脱胎于北京四合院，是汉、彝先民根据云南的地形条件和气候特点共同创造的。最早在昆明地区出现，后流行到西及大理，南至宁洱、墨江、建水，东到昭通、沾益等地，是云南最普遍的民居形式。随着城镇的改扩建，新平“一颗印”式古民居和全省一样，已经越来越少。

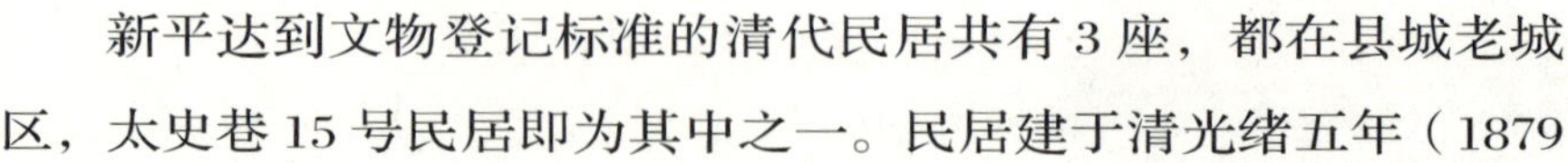

新平达到文物登记标准的清代民居共有 3 座，都在县城老城区，太史巷 15 号民居即为其中之一。民居建于清光绪五年（1879

年），坐北朝南，硬山顶抬梁式。大门面北而开，门前有一对石雕，刻有鹿驾祥云和花草图案，旁有竹形石柱，门头原有一匾，上书“都卫第”（“都卫”为1934年12月，民国政府对驻蒙古、新疆、西康、西藏等地的武职官员颁行的一种特殊官衔，相当于现在的上尉），“文革”时失踪。大门上方云纹彩绘木雕浑然天成。进大门是一个小院落，西面有一道门连接正房。房屋为中式土木结构，正五间两耳一院墙。地面铺古砖。房顶分两层，下层为廊檐和厢房，廊檐宽敞，上层为正房顶。廊檐和正房的上方均有雕刻精美的木雕，有如意纹、龙首纹、莲花、石榴、草木等，壁板上画有人物和山水画，窗叶雕花，构图巧妙，刀工精细，颇有清代建筑纤巧、精致、绮丽的风格。屋内置放着民国或清代的家具及生活用品，有很多都是我第一次见。天井开阔，花朵在花坛里静静绽放。南面是院墙，墙脚砖上有精美的花草浮雕。随着房主人沐老先生的一路讲解，移步间，我们犹如回到了文言文中

透过老房子看历史，历史就在眼前

的过去。

沐老的儿女们在城里都有自己的家，或单体别墅，或单元楼房，在我们参观过程中，他们陆续归来，热热闹闹地围坐在天井包粽子。看着这一温馨的场景，我的思想一阵恍惚：天井是中式民居四合院与西式民居别墅、单元楼房相区别的最大特征。有了天井，就有了阳光、有了雨露，更有了多代同堂合家团聚的场所，达到人与自然的和谐统一。对有天井的四合院，我们会联想到一些词语，如团聚、和睦、温馨、崇上唯上、缺乏主见等；对西式民居，也会联想到一些词语，如距离、隔膜、冷漠、独立思考、发明创造等。当中国的建筑专家们就当代民居的唯中式论或唯西式论进行争论时，他们就不能想到设计出一种能把团聚、和睦、温馨、独立思考、发明创造等词语放进去的民居吗？

新箭道 40 号民居也许是新平现存最古老的民居，建于清康熙五十六年（1717 年），属于“一颗印”式建筑，民居在民国期间重修过，倒座多年弃用毁坏。走进院子，最吸引我的是天井正方的 6 幅精美石雕，左右 2 幅为对称的花鸟秋实图，中间 4 幅为渔樵耕读图。“渔”图山石耸立、松柏葱郁、山泉湍流、曲径通幽、蓑翁垂钓、渔夫撑船、鱼肥人欢、意蕴盎然；“樵”图山间曲径上有挥刀砍柴、躬身担柴、荷柴行走的樵夫 3 名，俨然一幅民间劳作图；“耕”图前有一微笑农妇手牵耕牛，肩扛耙，农夫扛犁随后，其乐融融；“读”图中夫子讲学，一生扶头沉思，一生伏案读卷，3 人或坐于长案或坐于方桌和树下，人物形态各异。

清康熙四年（1665 年），裁新化州入新平县，结束了在新平县区域内长期行政分治的历史；清康熙二十七年（1688 年），在新平设立土县丞，社会治安明显好转，自此，新平进入“一统全盛之世”。沿着新箭道 40 号民居“渔”“樵”“耕”“读”雕刻线条，我仿佛触摸到了当时新平人民的生活脉络和对理想生活的向往。

民国民居

中街 53 号民居“三合祥”建于民国十九年（1930 年），地处民国时期县城商业中心，是新平县民国时期建成较早、保存较好，具有民国建筑特征，由通海籍商人合资建盖的商住两用房，是新平县仅存的三座三台楼古建筑之一（另为扬武三台楼、县城富昌隆商号）。“三合祥”坐北朝南，硬山顶土木结构，二楼一底青瓦屋顶，由前院和后院组成，前院由正三间、两厢房、倒座围成一四合院，后院由正五间两厢房组成，前后院层层串通，三楼廊道部分建成西式阳台。后院

精美的雕花

东厢房外有一侧房，为马帮骡马夜宿之所。

新平早在明代就有食盐、牲畜、铁木用具、陶器、布料、金银饰品等交易，清代已开辟县城的西关、东关及戛洒、蛮仑（建兴）等贸易集市。由于地处偏僻、居住分散、人口稀少、交通闭塞等原因，直到新中国成立前，新平的商业都不算发达，但在20世纪三四十年代，却曾出现过一段快速发展的小黄金期，“三合祥”便是这一特殊时期的产物。清末民初，随着群众需求的日益增长和茶马古道的不断繁荣，本地商人资本持续增加，通海籍、玉溪籍商人纷纷进入县城经商，更有以李润之为首的地方官、匪、霸把合法所得或非法所得大量投入商业运营。到了抗战后期，县城商号林立，商业空前活跃。

在民居保安的带领下，我们跨过一座座寂寥的院落、推开一道道尘封的房门，仿佛看见了当年房主许三老板在品茗运筹，账房先生在精打细算，小伙计在贩卖食盐、茶叶，马帮客在大碗喝酒、大块吃肉，侧院里却不断传出骡马们不知情绪的吼叫声。

富春街3号的富春街民居建于民国二十七年（1938年），是县城规模最大、保存最好的一座“一颗印”古民居。民居坐北朝南，一楼一底，总面积647平方米，由前院、后院、厢房、天井等组成，是典型的“四合五天井、走马串阁楼”建筑。“宅以门户为冠带”，民居大门气势雄伟，两侧石基巧夺天工。走进大门为第一进院，正房为大厅，院子开阔，厅内敞口多，与天井内外连通。第二进院院子略窄，天井较深、较小些。四周楼房，中为天井，楼房两两相交处有小耳房和天井，加上院子的大天井便是“五天井”。正房屋顶为双坡硬山式，厢房屋顶为不对称的硬山式，分长短坡，长坡向内院，短坡向墙外，可以防风、防火、防盗。院内正房屋面稍高，不同大小与高度的坡屋顶叠合、穿插，形成了层次丰富的坡屋面轮廓线。院落组合空间变化丰富，过厅、天井、围廊等室内外空间渗透、交融，营造出颇具生活情趣、具有亲切尺度感的居住空间。正房、厢房面向天井均挑出腰檐，正房腰檐称“大厦”，厢

房腰檐和门廊腰檐称“小厦”，大小厦连通，便于雨天穿行，真正可达“走马串阁”。建筑整体为青灰色，四角飞檐翘起，扑朔欲飞，使整幢楼房显得轻松生动。门、窗采用西式风格，洋为中用，以中为主，中西合璧，透着浓郁的民国建筑风格。

过去，人们在住房上很有讲究，老人住上房，长子住东厢，次子住西厢，佣人住倒座，小姐、儿女住后院，这种布局符合封建社会的家庭礼制，从厢房到正房，设几级台阶，以示尊卑。富春街民居原为地主私人住宅，现为新平县第一幼儿园办公、教学用房。我们在走访过程中，适逢幼儿园放学，一大群孩子在正房叽叽喳喳、跑上跳下。假如当年普家的老祖宗从卧室推门而出看到这一情景，他在皱眉的同时，想必也会露出欣慰的笑容。因为现在的孩子虽然不太明白和尊崇三纲五常、四维八德，但他们讲文明、懂礼貌，每天都在学习科学、健康成长。

民国民居在县城保存较多，顺城街民居的大气、文明街王氏民居的厚重、凤翔街邹氏民居的温馨、富春街普氏民居的精巧、富昌隆商号和卖碗街张氏民居的富贵，都给我们留下了深刻印象。

在连续几天的走访中，我们看到了不同古建筑的不同特点，听到了不同古建筑的不同故事，感受到了目前部分户主对居住在老房子带来生活不便的抱怨，我对新平古建筑的未来略感忧虑。我曾在一个傍晚静静地贮立于新箭道 9 号民居的大门前，这是一座清宣统二年（1910 年）建造的民居，主体建筑已在“文革”中毁去，现仅存一座精美、苍老的大门，身后是一片荒草和一间低矮的砖房，整座建筑宛如一尊古怪的狮身人面像，在夕阳的余晖中黯然神伤……

任时光如何穿梭，那水却还依旧清澈

文化的青铜

中国的青铜文化源远流长，古滇国青铜器矗立在其中，更是独树一帜。新平的青铜作为古滇青铜文化的一支，也有其不同的韵味，有别于中原青铜文化主流的尊贵和玄奥。在这里，不是铸为祭器和礼器的青铜，不是为了铭刻古奥文字记录丰功伟绩的青铜，这儿的青铜被赋予了日常生活气息的雕铸、亲切、灵动。

千年的风吹过亘古的原野，带来远古的气息。偶尔间，先人铸造出了一件青铜器，伫立成殿顶守望千年的一尊兽头，每天瞑望着天边的那一轮朝霞，漠看着日月的东升西落，无声的呐喊间，已过千年。斑驳的锈味穿越千年岁月的长河，演绎出一曲辉煌灿烂的青铜文明。

青铜是红铜与锡或铅的合金，因为颜色青灰，故名青铜。在历史的长河中，青铜的出现，对人类文明的发展和历史进步起了巨大的推进作用。一件件青铜，记载着一个民族饱经磨难的行程，铭刻着一段段厚重的历史。起源于黄河流域的中国青铜文化主流，在逐步向周边发展的过程中，又具有地方特色。如流传到云南的青铜文化，在外形和纹饰上都有了很大的区别，融入了当地浓郁的民族风情和平凡的生活气息，神秘灿烂的古滇国青铜文化便是一个很好的说明。

是对青铜的眷恋吧，总是一次次在梦中，走入青铜的世界，聆听从一件件青铜器的光泽中流淌的故事。中原青铜文化的博大和精妙凝聚在司母戊鼎、四羊方尊的幽光中，仰望这斑驳的铜绿，任时光溯流而上，穿越上下数千年，我仿佛看见光灿灿的酒池肉林中，商纣王高举着青铜酒樽，簇拥着妲己，追逐嬉闹，青铜的幽光泛着荒淫奢靡，昭示着即将没落的商王朝的腐败；我看见牧野的战场上，青铜的兵器泛着冷光，耀花了战士的双眼，青铜的锈味儿穿过一具具身体，堆砌成一座座尸山，奏响了“武王伐纣”的胜利凯歌；我看见周王宫里，褒姒优美的手指抚过古老的青铜编钟，清脆悠扬的乐声响起，但华丽的交响换不来妃子的清浅笑容，终使幽王为博美人一笑，数举骊山烽火，演出了一幕“烽火戏诸侯，褒姒一笑失天下”的历史闹剧；我看见青铜大鼎的插香袅袅中，洪亮的钟鼓声敲破晨曦的雾霭，礼乐飘飘，万人膜拜，一个个新的王朝应运而生。中原青铜文化的厚重贯穿在岁月的尘隙中，徒留给后人无数的叹息和追寻。

新平文物象樽

漠沙西尼出土和曼蚌农户家中发现的羊角钮编钟

青铜文化的影响何等巨大，偏居一隅、远离中原文化视野的西南小镇也有着青铜文化的辉煌。但有别于中原青铜文化主流的尊贵和玄奥，这里的青铜独具地方特色，不是铸为祭器和礼器的青铜，不是为了铭刻古奥文字记录丰功伟绩的青铜，在这里，青铜被赋予了日常生活气息的雕铸、亲切、灵动。就来说说新平出土的青铜器吧。

走入玉溪市博物馆，新平县域内出土的一系列青铜器就有序地摆放在其中，有青铜羊角钮编钟、青铜锛、青铜斧、青铜矛、牛樽、象樽、羊樽等珍贵的青铜器。1988 年出土于漠沙镇西尼村山地的西汉蛙纹羊角钮青铜编钟，共 4 只，钟体高 25 厘米，厚 1.5 毫米，钟口直径 15 厘米，钟体上雕刻有精细的蛙纹，灵动的青蛙似有从钟体上一跃而下的冲动，活泼生动得仿佛能感受到先人欢快的田园生活；1988 年发现于漠沙镇曼蚌村农户家中的战国羊角钮编钟 1 只，古朴厚重，无花纹装饰，或许是在深土掩埋的岁月里花纹已被消磨也说不定；春秋战国时期的青铜斧 4 件，都出土于漠沙江沿岸，保存完好的一件，重 300 克，斧长 14 厘米，斧刃呈弧形，长 7.8 厘米，斧身右侧有孔，可系绳索，斧身有精致的花纹，纹饰如花腰傣服饰的花边一般，将斧头衬得华丽灵动起来；还有青铜铸制的清代牛樽高 32 厘米，长 48 厘米，重 8.7 千克，象樽高 34 厘米，长 53 厘米，重 9.4 千克，樽口以鞍鞯固定于动物脊上，鞍鞯花纹精美细致，每个动物酒樽都神气活现，仿佛就要撒开四蹄狂奔，显得憨态可掬、活泼喜气。无论小巧的蛙饰编钟、斧头、动物酒樽或者其他，均向我们展示着先人日常生活的气息，“乡村古意”跃然眼前，和中原青铜迥然而异的风格，让人耳目一新。抚摸这些青铜器，抚摸那一段被埋葬了的历史，先祖迁徙的足迹、红河谷的繁衍生息、战胜自然的智慧和神秘妖娆的风情仿佛在这一瞬间复活。我的手轻轻地掠过青铜的边沿，和着轻微的风声，耳边又似乎传来先人敲击编钟的回响，和着青铜酒樽里美酒的清香，且歌且吟，怡然自得。

我站在高山之巅，俯看家乡这一片黄土地，这些独具特色的青

❶ 青铜文物——铜犁
❷ 青铜文物——铜斧
❸ 青铜器

铜器出土地点围绕在戛洒江、漠沙江沿岸，而这里正是花腰傣聚居的地区。从这些青铜器可看出，其风格和古滇王室墓地石寨山出土的青铜器如出一辙，这是否向我们暗示着花腰傣先民与神秘的古滇王国的渊源。是这支傣族先民部落本身已拥有铸造青铜器的技艺，还是传说中的花腰傣是古滇国王室的后裔，在迁徙途中所带来的古滇青铜器？历史总是扑朔迷离，展示了一面，又掩藏了一面，直让人产生拨开迷雾见真容的欲望。但毫无疑问的是，可以想见千年前，花腰傣先民与青铜文化紧密相连的生活场景，看着这一系列青铜，感觉那不只是一个象征性的符号，而是一种有温度的、在呼吸的生活。在土墙围砌的宽敞的土掌房院子里，羊角钮编钟的清响充满了每一个角落，傣王悠闲地斜靠在凉榻上，闭目欣赏青铜的交响；绿荫苍翠，溪水环绕的寨子边，妇女挥舞着青铜锄具，一锄一锄挖掘着希望；危机四伏的丛林深处，男人手握青铜斧头，肩负青铜弓箭，伺机扑杀凶悍的猛兽；庄重肃穆的祭祀场上，祭拜的铜鼓声已敲响，献祭的舞蹈已开场，青铜大鼎青烟袅袅，威严的“布摩”（祭司）手持祭器、口颂祝语，虔诚地表达着人类与自然神灵沟通的语言。那时的事情，那时的场景，一个时代的一角以原本的面貌就这样呈现了出来。

千年前，傣族先民部落的生活与青铜息息相关，从漠沙西尼渡口青铜文化遗址、曼竜青铜遗址、戛洒东磨青铜遗址、曼费青铜遗址的调查中可看出，远古时期，这些地方就人群密集、市集繁荣，青铜文化的发展，不断促进了傣民族部落的进步。从史书上看，对周边地区也颇多影响。到后期，新平哀牢山深处千家寨的建立，各处炼铁炉的飞速发展，也正是依靠当地青铜文化的影响。轻敲羊角钮编钟，乐声清响，谁又能否定，穿梭于林间古道的婀娜小卜少，那银铃叮咚的交响，难说不是来自青铜编钟的余韵悠扬。

偏居在红河岸边的一支部落便已有这样的青铜文明，可以想象到古滇王国灿烂的青铜文化，是如何得辉煌和厚重。由于远离中原文化视野，古滇国长期湮没于历史尘埃之中，显得神秘而离奇。但“牛虎铜案”“骑士贮贝器”等古滇青铜器的发现，让这个神秘的古老世界瞬间屹立于世人面前，那自成体系、独立的青铜文化类型，让史学家们迷惑、好奇。古滇人用自己的才华和智慧将青铜时代的文明发挥到了极致，也让我们这些后人为其感到骄傲和自豪。更别说新平水一样的民族花腰傣，据传是古滇王族的后裔，那么，从花腰傣先民充满青铜文化气息的生活中，从红河岸边出土的这些青铜器中，是否可以窥见古滇王国厚重的青铜文化？也许有一天，我们能用身边这些残存的历史碎片，再现出那段灿烂的青铜文明。古滇国神秘消失了，但它的故事并没有结束，千年后，滇——这个创造过辉煌的青铜文明的王国成了云南的简称，这会是那段似乎已经消失的历史留下的遗产吗？站在红河岸边，我很想从萦绕在茫茫群山的迷雾、吹拂在这片土地的清风中，嗅到一股淡淡的、腐朽的铜锈味儿，让我与先祖的智慧进行一次神息交融的对谈。

❶ 石斧

❷ 石环

古渡口的文明时光

新平一江18条河，大大小小的渡口举不胜举，但其中，漠沙的大象渡口、戛洒的东磨渡口是独具特点并承载了历史风云的古渡。沧桑岁月中，在这里，曾存在过哪些善良可爱的人儿，是否曾发生过一些美丽动人的故事，被世人遗忘在荏苒的时光里。

那天，坐在阳台上，又一次拜读沈从文大师的《边城》，文中，纯朴的小城、沧桑的古渡口、温柔的河流、清凉的山风、满眼的翠竹、善良可爱的翠翠，还有他们凄美的爱情，仿佛一幅优美的写意画，和风般轻轻渗入心田，让人流连而又心伤。

不由地，想起了家乡的古渡口。

渡口，顾名思义，是有船摆渡过河的地方，这是人们上岸歇脚的终点，也是送客远行的起点。在交通闭塞的年代，渡口发挥着重要的作用，它迎来过多少军事家、文学家，又送别过多少远涉江湖的游子，一件件轰轰烈烈的历史时刻曾在这里见证。如今，一些曾经繁华喧嚣的渡口已显得默默无闻，但有的渡口却还在发挥着举足轻重的作用。新平一江18条河，大大小小的渡口举不胜举，但其中，漠沙的大象渡口、

家，就在前方，姑娘们都已经迫不及待了

戛洒的东磨渡口是独具特色并承载了历史风云的古渡。它们从沧桑岁月中走来，承接过南来北往的过客，在这里，是否存在过似《边城》中那样一个善良可爱的翠翠，是否也发生过一些美丽动人的故事，被世人遗忘在荏苒的时光里。

大象渡口位于漠沙镇大沐浴村尾，滚滚的红河水从寨脚从容而过，大象渡口就静静地矗立在此，见证着千百年来的风雨。渡口已很古老了，台阶已附上青苔，阶石也已磨白，但渡口边的大青树依然还是那么青苍挺立，“情人泉”还是那样清澈甘甜。宽阔的渡口边停留着数只木船，当年的艄公已不见，只留小船飘来荡去，只为村人渡河劳作或者供游人摆渡游玩。很多人慕名来此，体验“舟遥遥以轻扬，风飘飘而吹衣”的感觉，也在这里寻找神秘悠远的古老花腰神韵。

渡船已经远去，却无法停下追赶渡船的脚步

“大象渡口”，傣语称“达掌”，为何与大象扯上关系，这还有个来历。据说渡口边的大沐浴村和西尼河口村，自古以来和睦相处，村人勤劳善良、热爱生活，把家园建设得美丽富饶。江里的老龙王见了异常妒恨，早就想替在人间被当作恶魔打死的儿子报仇。只要看见有船渡江，龙王就化作千手万脚的怪物，掀翻船只，撕碎船员。人们十分害怕和愤恨，想了许多办法都没制住龙王。最后，天神看不过龙王的恶行，悄悄告诉村人一个办法，到深山老林里请来大象，在象脚上绑上带齿镰刀，洒上童男童女的尿液把象赶进江去，龙王的千手万脚被齿镰锯断了，死在了江里。从此，两岸的人民又过上了平静安然的生活。为了让子孙后代永远铭记大象的功劳，人们把这个渡口取名叫“达掌”——大象渡口。又据当地老人讲，远古时，大象渡口边，河流湍急，沿岸，长着成林成片的竹林和野芭蕉，森林里栖居着野象。花腰傣先民常把野象驯化了帮忙劳动，当时渡口上就有大象搬运重物上船的情景，后来虽然渡口没了大象，但古渡依然作为重要的聚散地，承接着南来北往的商旅。

传说毕竟是传说，有待可考，但这里很久以前便是花腰傣先祖繁衍生息的热土，确有实物为证。早在20世纪80年代，围绕渡口周围的黄土地里，便发掘出迄今两千多年的青铜器羊角钮编钟、铜斧、铜犁等，充分说明了在远古时期，大象渡口边便已是人群聚居的地方，古渡口是人们迎来送往的重要驿站，傣族先祖在这里休养生息并创造了古老灿烂的青铜文明。好山好水养育了一方人。在这里，灵秀的山水哺育了一批批优秀人物，远的且不说，就说新平县第一个县长白凤章以及后来的县长范绍兴等优秀的民族人才，都是生长于这片热土。20世纪初，一批外国传教士从大象渡口登岸，踏上这块土地，分别在漠沙仙鹤村和坝多等地建立了基督教堂。传教士希望这里淳朴的人民灵魂可以皈依耶稣基督，但

❶ 船靠岸了，美丽的花腰傣的倩影倒映在江中

❷ 谜一样的大象渡口

也许这片热情朴实的土地也正是他们需要寻找的心灵得到净化的憩园。传教士的到来，使西方的医学和文化与本地文化得到了不同程度的融合，对当地起了不小的影响。20 世纪 50 年代后，由于各种原因，一个个传教士被遣送回国。据老人讲，曾三次看到来迎接传教士的外国飞机停靠在渡口边宽阔的沙滩上。当时，当地人从没见过飞机，好奇惊讶呀，一传十、十传百，全坝子人包着饭来看飞机。现在想想，也算是对传教士的热情欢送吧。

人们喜欢来大象渡口，不只为它见证过历史的风风雨雨，更因为这古渡口，是花腰傣传统花街节的发源地。花腰傣民族的古老神韵便从这里开始传承延续。每年农历正月十三，以大象渡口边的花腰傣寨子大沐浴为中心，村村寨寨的花腰傣人都会集中到这里赶花街。这天，各村各寨的花腰傣小卜少们鸡未叫就起床，下厨烧饭做菜，做好糯米饭、腌鸭蛋、干黄鳝等美食，用槟榔叶包好，装在秧箩里。在阿妈的指导下梳理好秀发，穿上节日的盛装，走出家门，三五成群地聚集在一起，穿过阡陌，越过小河，来到古渡边的“花场”上。老远，就能听见小卜少们衣裙摆动时“唰唰、唰唰”的银铃声响。远远看去，她们腰挎小秧箩，斜戴斗笠，欲遮还羞，说不尽的风情。来到“花场”后，她们会选一块地方，把自己织的荷包、手帕等物件摆在自己的面前。心仪某个小卜少的小卜冒，早就瞄准了时机，只要小卜少准备好，马上上前取走她面前的荷包、手帕，转身离去。如果小卜少也喜欢他，就会不动声色地跟在他后面。他们会相约悄悄离开“花场”，来到古渡边幽静的竹林或槟榔树下。这时，小卜少就会解下腰间的小秧箩，拿出糯米饭、腌鸭蛋、干黄鳝等，两人一起分享代表甜蜜爱意的秧箩饭。

情人相约“吃秧箩饭”是花腰傣古老而浪漫的一个传统习俗，是花街节上相爱的男女必做的一个仪式。每年花街节，有上百对的情侣在古渡边幽静的树林里吃秧箩饭，在这里两情相悦，许下今生不渝的誓言。今天的花街节，同时也是当地人进行商贸活动、休闲娱乐的重要场合。花街上，花腰傣少女赛装、比美，同时自由交

友、择偶。古渡边人流穿梭、风景无限，融合花腰傣古老悠远的传统习俗，更使大象渡口蒙上了一层神秘浪漫的面纱。

不同于大象渡口的神秘浪漫，东磨渡口有着沧桑厚重的历史。东磨渡口位于戛洒镇东磨村口，数棵酸角树和大青树间杂排列着，苍翠绿荫下，一口老井，井水还依然清澈沁凉。井边长长的青石台阶上，清晰可见当年的马蹄烙印，蹄印深深，可以想见沧桑岁月里，古渡口承载了多少人马频繁途经的重负。高高的台阶下便是宽阔的戛洒江面，微风轻抚，江面泛起涟漪，轻轻摇荡几只木船。你别看渡口这和风宁静的样子，据老人说，发洪水时，江面那是一个汹涌湍急啊，浑水就要漫过石阶，浊浪一浪接一浪扑来，裹挟着器具、树干、动物残尸等翻滚而来，甚至于死人棺木也会随浪扑来，令人毛骨悚然。当然，村里人看得多了，也不足为奇，有些胆大

古渡口，摆渡的人穿梭在江中间，牛儿来来往往

的青壮年还会利用这个机会，用飞爪抓住树干、树桩等，用作烧柴。现在，人们有意识地植树造林、治理江水，洪水泛滥的概率已越来越少。交通迅猛发展，古渡已失去了当年的作用。

据老人们讲，诸葛亮率军南征时，曾经过东磨渡口，大军迤逦而行，一眼望不到头，过江的竹筏漂满了江面，声势浩大。南征军从此登岸，顺着茶马古道，进入新化古州，至今，在古州新化留有“孔明泉”“孔明碑”等遗迹，并流传有不少诸葛亮率军南征到此的传说。解放战争时期，解放军、国民党部队都几次经过东磨渡口，那满山遍野的大兵看了让人震慑。有老人讲，小时因为好奇曾悄悄相约了去偷看大军，只见到渡口沿岸和山半坡到处是穿着制服的兵士，吓得他们撒腿就跑。自古渡口要道都是兵家重地，别说经年南来北往的商旅，千百年来，东磨渡口默默矗立着，见证着无数的历史风云。

古道悠悠，“山间铃响马帮来”的年代，东磨渡口曾是茶马古道上马帮途经的重要驿站。古道上，成群结队的马帮，日复一日，年复一年，在风餐露宿的艰难行程中，用清悠的铃声和奔波的马蹄声打破了千百年山林深谷的宁静，开辟了一条通往域外的经贸之路。马帮为小镇的人们带来美丽的丝绸、精致的茶具、新鲜的用品等，又把本地珍贵的毛皮、茶叶等销往山外。在马锅头的一声喝喊下，马帮会在东磨古渡停留休整，也为这里带来了繁华。那时的人们还记得，小马哥们一人一口罗锅，排在渡口沿岸自己煮食，仅见渡口岸边炊烟袅袅，一眼望不到头。晚上，客栈、赌场等灯火辉煌、人声鼎沸，灯光一夜亮到天明，热闹自不必说。常年在茶马古道上奔波谋生的经历造就了小马哥们讲信用、重义气的性格，他们的刚毅、勇敢和智慧深深吸引着小镇的人们，有情人在这里邂逅，生死朋友在这里结交。但短暂的相逢又面临离别，马锅头的一声令下，马帮又即将远去，几月、半年甚至几年才能回还。相见时难别更难，东磨古渡边，留下过小马哥欲走还留的脚步、情人们分别的泪水和朋友送别的歌声。马帮从这里渡过红河，走上征程，再一次

踏上生与死的体验之旅。

如今，在古人开创的茶马古道上，成群结队的马帮身影不见了，远古飘来的茶草香气已消散。然而，留在古渡边的先人足迹和马蹄烙印，以及对远古千丝万缕的记忆，却向我们展示着当时的辉煌。

在战火纷飞的岁月里，大象古渡、东磨渡口都是人员输送、信息传递的重要通道，多少英雄从远方渡舟而来，在古渡口留下过深沉的足迹。滇中解放战争时期，激烈的枪声震醒了这片土地，征粮剿匪的行动触及了地主恶霸的利益，地霸武装制造了一幕幕惨绝人寰的血案，“血染戛洒江”“蒿芝地惨案”等，古渡边，枪声如织，有着剥削者的压迫，也有着劳动者的抗争。英雄们为解放劳苦大众，不顾一切，英勇顽强。戛洒江畔，穷凶极恶的匪徒对年轻的战士们一次次地鞭打和折磨，战士们一次次坚强不屈、大义凛然、视死如归，为滇中解放战争谱写了一曲曲可歌可泣的壮丽悲歌。

幸福的后人永远记得先烈们的舍生付出，静默的古渡更不会忘记那些青春的面容。黑暗的岁月已随悠悠红河水远去，英烈们换来的新生活，岁月静好，人民安宁，沧桑的古渡口如今也泼洒上浪漫多情的阳光，展示着新世纪的华美。

靠岸了，终于可以回家了

遗落的古村落

花腰傣土掌房，如遗落在深山、河谷里的珍珠般熠熠生辉，闪耀着花腰傣平和恬静的个性，炫耀着古老的文明和无穷魅力，照耀着一个民族厚重的历史诗篇。

花腰傣村落大多在红河西岸哀牢山下的缓坡地带，整个村寨形成自上而下、门向朝东、成排建盖的分布格局，户与户相连，排与排相通。远远望去，整个村寨如一片片古堡领地，展示出花腰傣土掌房特有的整齐、敦厚、端庄、朴实的风格，既有饱经沧桑的历史文化内涵，又具有浓厚的地方特色和民族特性。

曼勒古城，是花腰傣人聚居最早、最大的村落。元末明初，这里已成为花腰傣聚居最大的土城。有三件史实可证明曼勒古城的价值，明洪武年间平西侯和思军激战曼勒城，元末明初刀瓮、刀眷兄弟率众抗暴和新中国成立前帽合山、漠沙联防队与匪徒之战。如今的曼勒古寨仍存古城门和一百米左右的古城墙，成为花腰傣一个重要的文化遗址。

平寨村民引以为豪的不但是生活在田园牧歌中的古堡，还有那可歌可泣的先民刀成义，是花腰傣世代膜拜的英雄。一百多年前，

刀成义被清末农民起义领袖李文学封为“南靖大都督”，带领花腰傣人反抗清政府压迫的故事还在流传。如今指挥部、演兵场、点将台、拴马树、殉难地遗址都还在这里，那低咽的江水和如火的木棉仍在诉说逝去的历史。

南薅村是人民音乐家、国歌作曲者聂耳母亲彭寂宽的故乡。这里的建筑明显区别于其他的土掌房，楼层不但高，通风和采光都很好，阵阵凉风从屋内穿堂而过，酷热的夏天也变得凉爽起来。一幢幢古堡式土掌房掩映在高大的酸角树中，清澈的溪流环绕着村庄，在这清幽的环境中孕育了一位伟大的母亲，成就了聂耳音乐创作的源泉。

土锅寨以制作土锅而得名，全寨的花腰傣妇女都会手工制作土陶。寨里的小径上有匆匆挑土而过的妇女，舂土房里老米涛在忙碌着，院里有一双双巧手捏塑土陶，土掌房上晾晒着许多泥坯，寨边稻草堆红红的火苗里燃烧着希望，使得

一幢幢土掌房如诗似歌，用厚重、朴实谱写着民族的诗篇

整个土锅寨成为一个大的手工作坊。

大槟榔园村、大沐浴村、南碱村是有名的生态旅游村，不但以建筑保存完好、环境宜人而得名，而且各有特色。大槟榔园村的寨墙、寨门仍在默默承担自己的职责，清嘉庆年间“奉上革弊”碑屹立于村口，讲述曾经的故事；南碱村是首批云南民族文化生态村，村里的花腰傣民族文化传习馆陈列着花腰傣生产生活物件、历史图片及文字档案，把这个古老民族在历史长河中的发展痕迹展示在我们面前；大沐浴村幢幢土楼相连，四周槟榔成林，渡船、竹筏漂荡江中，还有那河畔出土的文物——羊角钮编钟都佐证了大沐浴村的历史。

美丽的花腰傣古堡村落掩映在碧绿的树丛里，古朴而神秘。误入其间，渴了、饿了、累了都不用着急，因为朴实的花腰傣村民没有锁门的习惯。随意打开一家的门，舀上土锅里的水喝上几口，暑

穿梭在古村落中的花腰傣小卜少

❶ 远远望去，整个南薅古村如一片片古堡

❷ 花腰傣土掌房整齐、敦厚、端庄、朴实的风格，既有饱经沧桑的历史文化内涵，又有浓厚地方特色和民族特征

❸ 秋天的土掌房成了晒谷场，堆满了丰收的喜悦

意顿时消散而去，厨房里有啥吃的只管吃，还可以乘兴喝上几口。恰好主人回来，看到此时的你会很惊喜，赶紧把你让到客厅小坐，女主人做好吃的傣家饭菜招待你，男主人还会邀来同村的亲朋好友，陪你尽兴至天明。

花腰傣的土掌房，背靠哀牢青山，前有红河流水，四周青树、木棉树、芒果树、酸角树相映，如一幢幢古堡般矗立在眼前，不论朝阳初升、夕阳西下、牛羊出牧、炊烟袅袅时，景色都精美绝伦，皆各有精彩。在横流的江水与村寨之间，一片片稻田紧紧相连，田里或种满稻谷、苞谷、蔬菜、甘蔗，春来绿浪阵阵、稻花飘香，夏来满地金黄，土掌房被包围在其间，风景煞是美丽。土掌房的泥香，庄稼的金黄，山林的翠绿，江河的灵动，以及静谧的河面、田坝树林上空弥漫升腾着乳汁一般神秘的水汽云团，缭绕着整个村寨，使得村寨成为一幅立体的重彩画，仿佛染上了一层神秘氛围，让人恍惚，令人流连。

春来哀牢，暖阳软软地照在土掌房顶上，镀上了一层金光，门前老人在静静地缝补衣物或转动手中的纺车，少女在一旁用五彩的丝线编织着自己的梦想，孩子们则嬉笑打闹，在房顶上上蹿下跳，连带那春困的猫狗也欢个不停。夏日悄悄来临，如火的凤凰花和土掌房相映成趣，门前青涩的果树不知何时已退去了花朵，果实悄悄结满枝头，你挤我，我挤你，把多嘴的蝉也挤得叫个不停。秋风袭来，金黄的稻穗迎风起舞，仿佛一片片金色的海洋。这时的人们开始忙碌了，你割我挑，沉甸甸的稻谷压弯了扁担，丰收的喜悦挂在人们脸上。秋天的土掌房不再只是供人们居住的场所，而是成了大型的晒谷场，稻谷堆放在平整的房顶上，老人迎着秋日的艳阳轻轻地翻晒，整个房顶成为一片片耀眼的金黄，想着念着，笑容爬上了布满皱纹的眉梢。冬天到了，这里的冬感受不到一丝丝寒意，嬉闹顽皮的孩子沿着房顶踏遍村里的人家，

将火辣辣的阳光送进每家每户。

走在屋顶厚实柔软的泥土上极目远眺，整个村寨、田坝、江河、乡野尽收眼底，凉风袭来，阵阵田野特有的香气袭来，心情顿时为之大快。行走在花腰傣乡之间，累了，随性恣意躺下：躺在土掌房里，可以呼吸泥土略带腥味的芳香；躺在温柔的河流边，可以聆听阵阵水声潺潺而过；躺在庄稼地里，可以嗅到绿草与果实的馨香，烂漫的气息、丰收的喜悦悄然漫上心头眉间，不禁感叹幸福触手可及，如此简单，喜悦的感觉溢满心田。月夜来临，不知名的小虫此起彼伏在比赛唱歌，这时的土掌房，则是孕育爱的温床，窃窃私语的小伙伴、唱小调的青年男女、偷偷约会的恋人，都使一种叫爱情的东西在慢慢地滋长。

一幢幢土掌房，炫耀着古老村寨的独特风格和无穷魅力；一幢幢土掌房，闪耀着傣家平和恬静的个性；一幢幢土掌房如诗似歌，用厚重和朴实来谱写民族的诗篇。

喜欢土掌房，不需要理由，身处其间，心，为之而静；情，为之所致；爱，为之深切。软软的时光，暖暖的心情，不禁令人感慨万千：时间都去哪儿了？时间都静止在花腰傣悠闲恬静的生活里，时间都流淌在奔腾不止的江河中，时间都埋藏在土掌房的土里、泥间。

守候在家的老人，望眼欲穿盼着儿女回家

天纲岂能乱！”于是王母娘娘在一个夜晚拿来一仙镜，照着正腾云驾雾飞来的王子，一手指着王子，大喝一声：“着！”王子的仙法被破了，蜷缩成一团，莲藕叶化成坚硬的螺蛳壳，从空中坠落到野外的田野中，从此化成人间常见的田螺。王子变成田螺之后，总忘不了仙女的好。于是每到夜晚，就慢慢顺着水稻爬浮出来，祈望能见到天上的仙女一面。太阳出来，露水干涸，它又潜入田中。此习惯千年万年，从来不变，那是王子对仙女永恒的思念。

王子的故事纵然是个悲剧，但田螺却成全了傣家人垂涎的口福之欲。也许是傣乡得天独厚的原因，田坝里、溪水旁、水池中……到处均可见到“古里古怪，骨头在外”的田螺，就连街上，也可见傣家人时常来卖田螺。因为价廉物美，街上卖的田螺总是被大家抢购一空。俗话说“民以食为天”，花腰傣是一个重视吃的民族，他们认为日子过得好坏的标准

堆积在一起密密麻麻的古化石，是时间留给后人的印记

就是吃得是否好。

连绵雄壮的哀牢山与清澈柔情的红河水不仅孕育了高贵、质朴的花腰傣人，在灵秀山川间成长的田螺也饱食泥土中营养丰富的微生物与幼嫩的水生植物而成长为“红河第一螺”。人们都说，到了漠沙必须品尝那漠沙田螺方不虚此行。很多人先是冲着漠沙田螺的名气前来一尝究竟，吃过后大多念念不忘，于是很多人一来再来，被美食蛊惑的味蕾不断挠动着吃货的神经，如同被花腰美女迷惑的男子，始终魂牵梦萦。

南戛山的化石把我的思绪引向了远古，描绘出一幅壮美无比的进化蓝图。我将沿一个缺口，顺着那黑色躯壳牢牢裹住的生命信息和珍贵密码，凌空攀上你厚重的身躯，在梦中的灵魂码头停泊，在那一刻，注定要在时间的回流里，解缆待发，把生命的档案细细描画，海枯，石烂，斗转，星移……你在这里凝固，但活化石的花腰风情却在这里亘古流淌。

一条古道与一座重镇

夏洒独特的资源、区位优势和少数民族聚居的特点，造就了戛洒悠久的历史文化和独特的民族风情文化，形成了以神秘哀牢山为主的自然景观带，以土司府、茶马古道为代表的历史人文景观，以浪漫花腰傣风情为主线的少数民族文化大观园。作为新平第一重镇、第一特色集镇、第一旅游大镇，戛洒镇先后获得诸多殊荣，2011 年被《中国国家地理》评为中国十大“最浪漫栖居地”之首。

我们进入戛洒集镇时已是黄昏，映入眼帘的哀牢山脉在夕阳的暮霭中一派青黛，错落有致的傣家寨子飘起了撩人的炊烟。由于受海拔高差的影响，戛洒坝区炎热湿润，半山云雾缭绕，山头寒气袭人，形成了“一山分四季，十里不同天”的立体气候。游戛洒使人一天之中就能体验春夏秋冬，看到四季的风味，奇趣天成，美不胜收。

在这个充满热带风情的多彩小镇里，随处可见让人垂涎的风景，火辣辣的土地，青幽幽的江水，红色的木棉花在枝头怒放。山脚的戛洒坝子常年温暖湿润、美丽富饶，是花腰傣傣洒支系的世居地。在长期的生产生活中，花腰傣处处体

现了人与自然的和谐共处。傣家寨子大多依山傍水，寨前的一草一木、一石一树都是他们精心呵护的对象。这种万物有灵的观念使得花腰傣村寨的生态环境得以较好地保存下来。竹筒引接而来的溪水带着水磨、水碾制作着傣家人一天的风味与食品，水碓沉重地敲击声讲述着一个古老而悠长的传说。村寨经水的滋润，树木葱茏，果香四溢，穿行其间，总有傣家阿妈穿针引线、织布刺绣、制作土陶，传承着民族的历史和文化。

花腰傣居住的地方自古以来绿竹环绕，竹子编织了灿烂的文化和丰富的民间工艺品。花腰傣男子大多是竹木加工好手，他们编织给女人的秧箩、篾帽，既精致小巧，又美观大方。榕树下织网、编篾的傣家老人边削边谈、边聊边编，从容的神态里放牧着轻闲与满足，一个个精巧的工艺品就这样编成了。傍晚，在寨子曲弯的巷道里，土掌房散发着家常饭菜的香味，在屋檐的暗影里，穿着民族服饰的傣洒妇女辛勤地忙碌着，嘈嘈的切菜声伴随着流水的声音，男人和孩子晚归的脚步声远远近近地交织、错落。这些最平常的生活情景如同一首美丽的田园诗，让我们迷失在童话一般遥远的记忆里。

戛洒，意为“沙滩上的街子”。明清时期，由于茶马古驿道从昆明一路下来，经戛洒后南下普洱、西双版纳，再入缅甸、泰国等东南亚各地，古驿道的日趋繁荣，在戛洒江畔的沙滩上逐渐形成了一个热闹的“草皮街”。每到街天，楚雄、双柏、景东、镇源、墨江、元江、石屏、玉溪、江川、通海、峨山等地的商贾纷至沓来，街面狭小，闹市中心赶街的人非常拥挤。特别是在每年春节来临前的几个街天，赶集的人数过万，有“过街脚难落地”之说，街天的成交额达三万多银圆。

在十里河的青山绿水和原野丛林中，今天仍清晰可见当年的茶马古道。遥想当年，无数马帮在这条道路上默默行走，悠远的马铃声，串起了山谷、平坝和村寨，也串起了众多民族和不同文化的交融。茶马古道在玉溪境内贯穿易门、峨山、新平三县，全长284千米，是滇西南与内地联系最重要、最大的商道之一。戛洒与镇沅交界处的茶马古道地势险要，大有一夫当关、万夫莫开之势，是当年茶马古道的咽喉要道，成为东上昆明、南下普洱的门户。闻名遐迩的云南贡品“普洱茶”就是由这条商道人背马驮地运出去，内地先进的文化、生产技术和商品，如布匹、手工业品、纺织技术等，也源源不断地通过哀牢山古驿道传到四面八方。

商道的繁荣，使戛洒一带在百年前就经济发达、文明进步，商人南来北往，饮食非常丰富，马帮的豪饮和粗放对当地的经济和饮食文化产生了深远影响，声名远扬的戛洒“汤锅”就是马帮文化留下的一个印迹。

戛洒地处三市（玉溪、楚雄、普洱）五县（新平、双柏、镇

沅、墨江、元江）交汇处，交通便捷，矿产、水能等自然资源丰富，铁矿石探明储量达 4.8 亿吨，铜金属探明储量 79.23 万吨，分别占云南省探明储量的 33% 和 25%；水能理论蕴藏量达 92.7 万千瓦。地质专家指出："大红山铁矿不仅可以跟世界著名的瑞典基鲁钠型富铁矿相媲美，其总量、矿石质量已超过海南的万碌铁矿，居全国之冠。"这样巨大的富矿让戛洒在云南矿冶业中占据了重要位置，加之境内便捷的交通条件和优越的地理区位，使戛洒成为新平发展的重中之重。新平县把戛洒作为全县一个重要的工业基地来培植，着力打造云南省铁矿石原料生产基地，在全力协调服务好昆钢、云铜、南恩公司等大企业、大集团的同时，积极营造良好的投资环境，加大招商引资力度。

2008 年，新平县提出了将戛洒打造成新平第一经济重镇、第一特色集镇、第一旅游大镇三个"第一"的思路，为戛洒腾飞插上了翅膀。城市建设是一个漫长的过程，但自 2008 年以来，短短的几年间，一座戛洒新城真实地呈现在了

❶ 激情沐浴节，带来多少清夏

❷ 秋日的戛洒，一片金黄

人们面前。

为把戛洒打造成独具特色的旅游小镇，戛洒在集镇建设中突出花腰傣文化。既体现了现代化，更彰显出浓郁的民族特色，实现了城镇建设、民族文化和经济增长的良性互动。城镇规模的扩大和矿电、旅游经济的崛起和由此带来的发展潜力吸引了众多商家前来投资，大量外资的注入为戛洒的发展增添了无限活力。大红山“两矿”的开发和旅游经济的发展使戛洒迅速繁荣起来，经济结构成功实现了由农业为主向工业支撑的重要转变。随着戛洒对外开放步伐的加快，昔日马帮驮出的傣洒之乡掀开了神秘的面纱，成为新兴的工业强镇和哀牢山中一颗璀璨的旅游明珠。

亚热带潮湿温暖的季风吹拂着这一片被阳光特别宠爱的土地，阡陌平畴、溪水潺潺。斗笠下，花腰傣少女羞涩的笑靥，田野间挺立的槟榔树无不散发着傣洒之乡独有的魅力。这里既有田园史诗的

❶ 马帮后裔

❷ 幽静的茶马古道上，似乎还回响着悦耳的马铃声

壮阔，又有柔情似水的婉约。行走在这里，你一定会体味到一种别样的风情，大柚棕荫蔽的街道，冬青树摇曳的四季，亚热带河谷金色的阳光，波光粼粼的红河水，糯米饭香飘来的情思，暖暖的季风，各种亚热带水果香飘四溢，头顶香蕉、脚踩菠萝的富足，有关花腰傣和戛洒江的美丽传说，无不传递着这里特有的魅力……

我们每次踏进戛洒集镇，都会惊叹于眼前发生的巨大变化，一个新兴的、富有朝气和活力的滇中特色小城镇正在悄然崛起。集镇的现代化气息与戛洒的自然景观、花腰傣风情融为一体：宽敞笔直的商业大道、亚热带风情的绿化树、具有浓郁傣乡特色的商场酒店、古朴典雅的花腰傣民居，把戛洒的传统与现代、沧桑与未来融合得自然天成。悠悠的戛洒江水滋润着人们绿意满怀的遐想，黛色的青山，繁茂的森林，充足的阳光雨露，花开四季，果结终年。各种亚热带水果香飘四溢，“鱼米之乡”盛产的稻谷、甘蔗、香蕉、荔枝、芒果等粮、经作物及生态农业的开发，还有丰富的矿藏，无不为戛洒集镇建设锦上添花。

哀牢山连绵起伏、红河水奔腾不息，来到戛洒，会情不自禁地陶醉在神奇壮美的自然风光和绚丽多彩的民族文化中而流连忘返。戛洒是传统与现代、古典与民族相结合的亚热带风情园。风情万种的花腰傣女子，是戛洒最美丽的花，她们把太阳戴在头上，把彩虹缠在腰间。如今古滇国的繁华虽已褪尽，但花腰霓裳依然彰显着皇族的典雅和高贵。

当夜幕悄悄降临，月色如同轻纱笼罩着戛洒，那些散落在红河岸边一家家独具风情的傣家小酒吧渐次亮起灯光，花街水岸在流光溢彩中散发出梦幻般的魅力。走在花街水岸，仿佛走进了历史的时光隧道，小路两旁是跨溪依流而建的花腰傣民居和林立的酒店，还有一个个独具民族特色的商铺，让人感受到了不同风格的戛洒。在这样的夜色里与戛洒相遇，

戛洒沐浴节，自然的水柱撑天而起，欢腾的人们激情四溢

似梦，非梦。徜徉在花街水岸，踏入戛洒旖旎的夜，难掩心中的微澜。这微澜是对傣洒之乡更多的探究？是对神秘浪漫之旅的追寻？还是对一次美丽相遇的憧憬？悠悠流淌的戛洒江水记载了岁月留下来的故事，记录了茶马古道的风起云涌，记录了古滇国后裔花腰傣迁徙的历历往事。在江边远望，目所能及处，夜色正浓、月色正好，垂柳听风、溪水暗流，木屋楼阁、清风雅韵、诗情画意。

戛洒独特的资源、区位优势和少数民族聚居的特点，造就了戛洒悠久的历史文化和独特的民族风情文化，形成了以神秘哀牢为主的自然景观带，以土司府、茶马古道为代表的历史人文景观，以浪漫花腰傣风情为主线的少数民族文化大观园。2005 年以来，戛洒镇先后荣获“国家经济综合示范镇”“全国全省重点小城镇”“云南省省级建设示范镇”“云南省旅游小镇”“云南省省级文明风景旅游区”，2011 年，戛洒镇被《中国国家地理》评为中国十大“最浪漫栖居地”之首。

百年古州是沧桑

古州新化或新化古州，好一个“古”字，囊括了新化的风情民俗、人文历史。我们从“古”字入“口”，走进新化清澈见底的河流中去，捧起一颗颗珍珠来，剪来一米彩霞做线，穿一串珍珠悬挂在迤岨山之最高处，山外人看了也会赏心悦目。

新平广袤，群山叠翠，雄奇险秀。

在新平四大名山之一的迤岨山怀抱中，明朝弘治八年（1495 年）成立过新化州，嘉靖五年（1526 年），朝廷委派山西府人氏鲁钺为第一任州官。同朝万历辛卯年（1591 年），在五花山后山坡下，建立新平县。新化州比新平县早诞生了近一个世纪。所以，新平人习惯把新化州叫作新化古州或古州新化，均有据有理。好一个“古”字，囊括了新化的山水和人文历史。

从“古”字入“口”，走进新化州清澈见底的历史河水中，捧起一颗颗珍珠，剪来一束彩霞做线，穿一串珍珠悬挂在迤岨山之最高处，山外人看了也会赏心悦目。

千姿百态的古藤，是古州野林中最大的亮点

古 林

新化古林，位于新化乡新化村西约一千米处。在这海拔1870米至2500米之间，面积约25平方千米的土地上，分布着高等植物300多种，其中，不乏千年古树名木，森林覆盖率高达90%以上。最可喜的是，从建立新化州至今，已经几百年过去了，没有发生过一次火灾的记录。古州人认为，树是水之源，水是生命之源，树杳水绝，树茂水淼。无水五谷不会苏醒，哪来春华秋实，尤其是依靠农耕的新化众生，为了生存，为了生活，为了发展，新化人保护好了古林中的每一棵树、每一棵草、每一捧土。古林在新化人心目中，是一片神圣之林、一块风水宝地、一方世外桃源。

在新化这片如翡翠似玉玺的古林中，自然天成为阔叶林、针叶林和蕉叶林三个景区。景区内，古树参天，古藤蓊郁，苔藓为一棵棵古树穿上了一件件厚厚的绿“军装”，地衣给肥沃得抓一把放在手里捏得出油的黑土盖上了一层厚厚的绿“军毯”。无论哪一个季节到古林来，人们都会沉浸在春光里，走进城市人梦中寻觅千百回的天然大氧吧中。走进古林，就能走进城市人千呼万唤的绿色中：浅绿、淡绿、嫩绿、碧绿、粉绿、葱绿、苍绿、墨绿……好一个绿啊！绿得亮眼，绿得发青，绿得发黑，绿得爽身，绿得心跳，绿得神奇，绿得鲜嫩，绿得鲜活，绿得成熟，诱人餐饮，绿得让人饱腹。

在这里，可以看到绿色传宗接代、“四世同堂”；在这里，可以听到绿色对山外的呼唤与呐喊。穿行在古林中，仿佛脚下的潺潺溪流、幽幽池塘是绿色的，举头望古树，筛下来的阳光也是绿色，呼吸的空气似乎也是看得见进入鼻翼的绿色。凝神林中古寺，瓦是绿色的，砖墙是绿色的，整座寺庙都是用绿色雕塑成的。走进古林的每一个人，都融化到了绿色里。

古　树

人们常说，山中难找千年树。这里的千年树可多着呐。古树名木多了，它们的故事便千奇百怪、鲜人耳目。一位守护古林的老人说，树林里原来有一棵与新化州同龄的细杉树。它青枝苍郁、绿叶婆娑、直指蓝天、举云摇风，少说也要三个大男人伸开双臂才能将它围过来。只要走过它的身边，那幽幽溢出的脂香，便会熏醉路人。马年猴日的一天，有一位县官要在县城里盖一座最好的房子。他四处找寻、八方挑选，最后选中了新化古林中的这株细杉树。无人敢阻挡，阻挡也无用。天上的群星在耳语，地上的草木在议论，作孽呀！自

鹦哥坡古驿道

新化建州以来，没有哪一位达官贵人、富家商贾敢在古林中伐木。这是古林中被砍伐的第一棵古树啊！是巧合，还是苍天睁眼睛。就在庆贺这座高楼大厦落成的喜宴刚落席，杯盘碗盏还未洗涮之际，新房突然失火。火乘风势，风助火威，不到两个时辰，这座气宇轩昂的楼阁便化成废墟。是巧遇，是天意，是人怨，都有一番话题说开去。两年过去了，焚烧新楼的火烟没有散尽，人们对新楼毁于一旦的怨声还在街谈巷议。就在这棵被砍伐的古树周围，密密麻麻地长出了一株株朝气蓬勃的幼杉来。新化人给它取了一串名字："枯木逢春""独木成林""子孙控诉""孝子守灵"……

古州地灵人杰，又是新平最早接受中原文化洗礼的地方。新化人爱文化、善诗词、喜楹联。对林中的古树给了一个或多个生动形象，或画龙点睛，或含着热泪的羞涩，或雅俗喜欢，或诗意隽永的名字。在古林的山坡上，有一棵高约三十米，树冠近二十五平方米，直径约一米，需几个壮汉方可合围的锥栗树。据植物学家考评，该树已经活了千年，却丝毫无老态龙钟的模样，像一位腆着大肚子的孕妇，古州人给它取了两个名字："百年一孕""千年怀胎"。名字生动形象，这比什么什么树王要活泼可爱得多。单单这一棵千年古树，便是一道亮丽的风景。凡到古林的人都慕名亲近"百年怀胎"，摸一摸它的大肚子。古林中，新化人给它们取的名字还有"五子登科""老来得子"等等。新化古林中，有许多古树还没有名字。请山外的朋友进山来，给它们取个有趣的名字，当一当古树名木的老干爹吧！

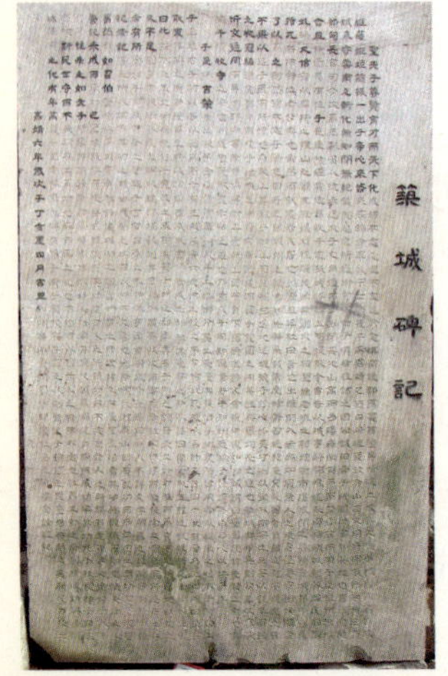

古藤

古藤，是古州野林中最大的亮点，誉称古藤奇观。走进古藤，亲近古藤，抚摩古藤，亲吻古藤，人们都会被大自然的鬼斧神工醉倒。

古州野林中的古藤，有美女藤、龙血藤、红牛筋藤、皮条藤等多个品种。有的粗如梁柱，长数十米；有的细如美髯，千姿百

态；有的与古树结亲，连理百年，比翼蓝天；有的跟着岁月千回百转、孤傲挺立；有的如“蛟龙腾空”，如“象群饮水”；有的取名“英雄救美”，有的酷似丘比特的箭，有的仿佛一颗忠诚的“心”，日日夜夜在讲述着恩恩爱爱、卿卿我我甜蜜的爱情。有一位守护古林的中年人，指着“心藤”讲述了一个故事。他说：“我父亲的奶奶讲，很早以前，新化村子里有一对甜蜜的夫妻，丈夫是一位赶马哥。他们结婚才三天，为了生活，丈夫就跟着马帮沿着茶马古道走迤方去，从此就没有回来。妻子在家里等呀等呀，等了一夜又一夜，等了一月又一月，等了一年又一年，足足等了三年，还是没有见丈夫的脚跨进门槛来。她思念丈夫心切，怀揣一包红豆，来到过去他们经常谈情说爱幽会的地方，茶不思饭不吃地回忆他们那些甜蜜的日子。头几天，小妇人站着想；后几天，小妇人坐着思；她筋疲力尽，最后躺下停止了呼吸。慢慢地在她遗体的地方长出了一条青藤，青藤越长越旺，九曲十拐扭成了一颗“心”，这就是“心藤”的由来。老辈子人讲，这颗“心”就是那位小妇人变成的。她在用“心”向走过她身边的人说，请日月作证，请大山作证，我的心永远向着我的赶马阿哥，永远属于我的赶马阿哥，永远忠贞于我的赶马阿哥。据说，只要她的赶马阿哥回到了她的身边，这颗“心”还会变回她年轻美貌的真身呐。请大家不要攀爬她、摇醒她，让她沉睡在甜蜜的梦乡里。或许，有朝一日，她的赶马阿哥真的会回到她的身边，有缘分的人，会看到这颗“心”还原成一位年轻美貌的女子向客人发出灿烂的笑声，让客人分享他们的一份幸福呢。在另一条古藤旁边，古藤拧成了千千结。藤身上挂着个挂子，上面写着蓝底白书的“诉冤藤”三个醒目的字，心情会有些沉重。古藤呀，你一定是向走进你的客人诉说世态炎凉、人间不平，唠叨着弱肉强食的冤情……

新化古藤奇观，堪称三迤“一绝”。

古　泉

彩云之南，处处山川披绿装，重重青山望不断，树与水相依共存。云南的泉水，五颜六色，千奇百怪。有益的众多，有害的极少。就像人类社会一样，好人居多，坏人极少。坏泉如毒泉、哑泉、灭泉……有益的泉水最喜欢人去亲近的是温泉。我国著名大旅行家徐霞客在其《徐霞客游记》中说：“余所见温泉，滇南最多，此水实为第一池。”徐先辈说的“此水”，就是被褒为“天下第一池”的云南安宁温泉。新平扬武温泉及漠沙阿波黑温泉都是人们洗浴除病的好去处。新平还有躲在深山人不知的漠沙异泉，不论大雨滂沱的夏季，还是春雨贵如油的初春，异泉水流量都一样。有人说，如果人类社会也像异泉一样，没有趋炎附势，世界就会多一些风平浪静，人间就会多几分公平。新平最令人心

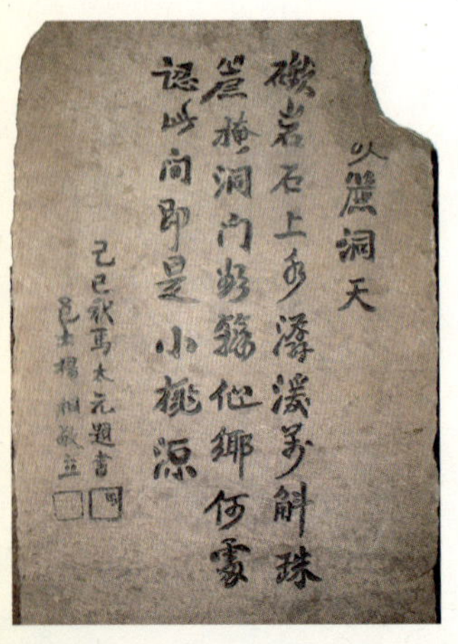

驰神往的是古州香泉。

古州新化的香泉，望词倾心，诱人亲近，催人享受。香泉，乃新平八景之一，名曰：山顶香泉。

去年春节，信手翻开《新平县志》，韩绍康咏香泉诗，让我如痴如醉。

寒泉洌洌信可夸，
步入山巅兴转奢。
一种清香尘外赏，
携来带月共烹茶。

今年阳春三月一个晴天丽日的早晨，我去看望香泉。随着络绎不绝的人群向六祖山走去，立刻被绚丽多彩的春景迷住了。正是：“等闲识得春风面，万紫千红总是春。”只见山道两旁桃花如一树树烈焰，樱花似火把，梨、杏、苹果花，

过往的春秋，一笔一画刻记在新化州城碑上

仿佛一堆堆雪垛，真艳丽、娇美。春光中，燕织翠林，蝶舞芳菲，蜜蜂嘤嗡，虫鸣碧野。不到一刻钟，就来到了掩映在树丛、草丛、花丛中的香泉边了。

香泉，深不足尺，潭呈圆状，周长约三尺。

细草藏泉脉，
回沙抢水痕，
一泓如许洁，
习习腋风清。

这山灵水清，浅泛涟漪，柔美若妙龄女郎微笑的眼波。水从潭底轻轻绽开，似串串断线的珍珠向上抛洒，俯首细听，那声音，犹如月白风清之夜，香泉周边彝家姑娘红唇边悠悠拨动的口弦，仿佛莫扎特钢琴曲中跳跃的小精灵在低唱；那香味，一会儿似淡淡的稻花，一会儿又像郁郁的珠兰，有时如近在咫尺的芳草，有时如十里外飘来的缅桂馨香。是香泉水浇透了漫山的香花、绿叶、碧草，还是遍野的碧草、绿叶、香花溶浸在泉眼，真够难分难辨。

我从泉边选一片肥硕的粽竹叶子叠成小杯，一口气饮下了九杯香泉，口香、身香、心香，魂也香了。我跪到泉边，注满了一大壶诱人、迷人、沁人的香泉水背在身上，依依惜别之情油然而生。我要选一个良宵，邀挚友烹茶，共醉明月！

古　城

明朝弘治八年（1495 年），设新化州。在新化州存在的 170 个年头中，朝廷派遣到新化的州官有姓有名，记录在史志上的整整有 20 名。在众多州官中，记载最少的是麦天惠，连同他的名字在内，仅用了七个字，即“麦天惠隆庆年任”。遥想当年，麦老爷在州府里吃香喝辣，出门有香车宝马，前呼后拥，何等威风，到头来

明代出土的青花瓷罐

只落得“隆庆年任”四个轻如鸿毛的小字定格在新平。记载最多的是首任州官程本立，用了一百多字记录了他在新化的足迹。说他山行野宿，单骑进入彝家山寨，宣传皇帝的文件，安抚彝族同胞，政绩卓著，群众口碑很好。新化人为程先生建盖了祠堂，上了乡贤榜。下面依次是新化第三任州官司马公韩，说他清廉正直、守公绝私、好士恤民，庶民至今思之。新化第十四任州官蒋良洪，说他清廉爱民、彝胞业乐、政声远播。

新化州的第二任州官鲁钺来到了新化州府。这一夜，鲁钺没有睡好。前任州官程本立离开新化那一天，鲁钺为他摆酒饯行。鲁钺向程大人请教今后州上的工作如何开展时，程在鲁的手背上写了一个“城”字。程大人走了，筑城墙的担

顺阶而上，古州野林的神奇正等着勇敢的人们去征服

子，落到了鲁大人的肩上。他深知，城郭需要甲兵之护持，甲兵依凭城墙护卫城池，百姓就会有更多的安宁。为了筑城墙，鲁钺不畏艰辛，早出走村串寨，晚归披心戴月，一个月以后，连他的壮膘骡子屁股上的肉也瘦了两巴掌。他“出谷易金”，多处募捐，全州 12 个乡，根据乡情派工，每个乡又举出有威信的人率领民工，砍树伐木，取石下础，挑土筑墙，用茅草竹子当瓦盖墙。经过 3 年的大兴土木，高 1.5 丈，宽 0.6 丈，“圆计 540 丈”的一座土城完工了。新化州的土城墙无一砖一瓦，一切材料取于当地，却是按照中原的城池模式建筑的。而中原城池突出的特点是，凡城郭均开东、南、西、北四道门，并都给每一道门取一个吉利的名字。鲁钺为新化州四道城门取的名字是：东门叫“东兴”，西门叫“西城”，南门叫“南薰”，北门叫“北拱”。每一门均有城楼，名字均用上好的石料镌刻镶嵌于门头上。鲁大人筑城至今天，风云变幻，桑田沧海 500 余年。新化州的城郭已经不存在了。目前能够找到的遗物，只有镌刻在石头上的“北拱门”三个大字，藏于新化乡文化站的文物室里。

光阴谁也拖不住，历史已经走远了。站在“北拱门”大字前仔细端详，透过那流畅、遒劲、严谨的笔记，鲁先生给后人的印象会是一位眉清目秀、个头高大、才气横溢，有主见、有抱负的北方汉子，朝廷信得过的好干部，百姓心目中愿意办实事的好官。

新平县城东门外有一个地方叫风水亭（在今电力公司位置），亭子里立着一块石碑，镌刻着“功德垂石上，遗爱在人间”。将这 10 个字用在鲁钺身上也是恰当的。因为在新平县（含新化州）近 500 年的历史中，到新化上任、离任了若干名官员，被评为好官、被新平县志列入名宦的却不多，鲁钺是其中的一位。道光《新平县志》卷五“名宦”中对他的评语是：详建土城，籍资保守，人民获安。寥寥 12 个字，可见鲁钺先生在草民心中的分量。

新化最古老的匾之一

古 寺

古州新化，立州筑城以后，在州城后山密林中盖起了一座寺庙，名曰盘龙寺。那时候，南诏国佛学很兴盛，信佛的人很多。有一位段氏（又说段氏子）的高僧，听说新化设州，又盖起了许多寺庙，就顺着哀牢山而下，来到了新化州盘龙寺中说佛讲经、广收佛徒。一时间，哀牢山主峰周围山山坳坳、村村寨寨的不少土著人都来听段氏讲经传教、烧香拜佛。佛教，在新化民间扎下了深深的根。于是，新化州盘龙寺香烟袅袅接云天，晨钟暮鼓响动地。高僧段氏子，终生以“普度众生”为理念。后来，新平建县，新化裁州并入新平县，新平县城在三台山的怀抱中，以盘龙寺为名建盖了新寺庙。他又从新化盘龙寺只身来到了新平盘龙寺讲经传教、“普度众生”。新平盘龙寺也像新化盘龙寺一样，晨钟暮鼓天天敲，香烟缭绕苍树梢。

年过古稀的段氏子，依然童颜美髯。“普度众生”的理念，催促他多到一些地方去播种信仰。最后，他来到了晋宁

❶ 乾隆年间的古牌匾

❷ 重修新化盘龙寺

盘龙寺，完成了他“普度众生”的理念，圆寂在晋宁盘龙寺。

高僧段氏子每到一处地方讲经传教，都能够创造出佳绩来。众生到他主持的盘龙寺里去，求财得财，求子得子，求婚姻就能够得到美满的婚姻，求学考试就有金榜题名，都是因为他那一颗虔诚的心灵感动了佛祖，使之有求必应。

高僧段氏子从新化盘龙寺到新平盘龙寺，最后圆寂在“楼台六七座，八九十枝花”的晋宁盘龙寺，使得三地的盘龙寺脉相通、缘相承，都贯穿了佛家教人崇善的理念。时至今天，古州新化的“斋人”，除了在新化盘龙寺吃斋念佛，新平县的佛徒（因盘龙寺多年前被拆毁），还在县城内佛堂、在龙泉公园念经诵佛。

古州新韵

古州人还有许多个“古”可以讲说，如古石、古碑、古钟、古墓、古节等等。古州人炫耀古，是继承民族优良传统、光大传统美德。但古州人赞古而不固执于古，故步自封。他们固守热土，辛勤耕耘，却守古而思新，与时俱进。过去，山清水秀、地灵人杰的古州新化，曾经走出了一批为民做主的清廉官宦、才气横溢的文人墨客、智勇双全的武官，他们是舒鹏翮、舒渊、赵泽远、普文秀、普为仁、舒奇功……

今天，古州人固守着祖先留下来的热土，科学种田，勤劳致富。最可喜的是，他们的思想早已飞到了山外，他们的观念与中原连轨，他们的意识与神州东部地区合拍，他们的理想与世界先进同步。不是吗，当下，物欲横流，在一些人脑子里只有金钱。对赵公元帅顶礼膜拜之际，新化人虽然喜欢花花绿绿，随季节更换的衣衫、裤子，公路上来来往往的车子，宽敞明亮的房子，但他们更挚爱孩子，舍得出钱培养孩子。

这些年，不论走进哪里的城镇乡村，学校的墙上总爱写着“再穷不能穷教育，再苦不能苦孩子”的巨幅标语。古州新化人对这条

标语后一句落实得最好。新化乡适合种烤烟，新化人大种烤烟，科学种烟成了新化乡的经济支柱，“金叶”为古州人铺开了致富路。新化人手中有了票子，但他们却很节俭，一年、两年、三年……把票子存起来，不起房盖屋，宁愿住在简陋的土掌房里，却执着于孩子的教育，不吝惜供孩子上学花钱。孩子们勤奋学习，为了上大学，盯着北大、清华，向往研究生、博士。

照此下去，古州会冒出来大“鸡枞”；新化将走出来朝之巨柱，国之栋梁。

美哉，古州的今天！

妙哉，新化的未来！

常年云雾缭绕的新化，总会给人一种到了蓬莱仙境的错觉

南靖大都督刀成义

南靖大都督刀成义，是花腰傣民族英雄，他率领傣族人民起义军，在戛洒江畔，演出了一场天地惊、神鬼泣的壮烈话剧。为温良恭俭的花腰傣增添了硬度，为戛洒镇的历史增添了厚度，也为他的生命之光增添了亮度。

六月的戛洒江水，奔腾澎湃，大浪拍岸，怒涛如歌，歌颂花腰傣民族英雄刀成义。

清朝末年，朝廷日益腐败，贪官污吏横行中华大地，民不聊生。咸丰五年（1855 年）哀牢山区遭受大旱，稻菽无收，可官府只认吃羊肉，不管羊死活。哀牢山区各族同胞绝望于水深火热之中。次年，弥渡县彝族农民李文学揭竿而起，率领以彝族为主体的五千余农民，在“铲尽满清赃官，杀绝恶霸庄主”的口号声中誓师起义，锋芒直逼清王朝及其土豪劣绅。李文学领导的彝族农民起义军沿哀牢山挥戈南下，得到其他少数民族的积极响应，其势如破竹。为了抗击李文学起义军，清王朝派兵进驻戛洒坝子。清廷官兵恶性顽固，依旧欺压百姓、鱼肉人民，对勤劳善良的花腰傣人蹂躏更加。流传至今的一首花腰傣民谣唱道：

清朝末年戛洒傣族农民起义军领袖刀成义

清兵是醉“匹”（鬼），
吃鹅不吃皮，
卜少当马骑，
杀人做游戏。

就是清朝大小官吏欺压傣家人的生动画面。

召混义（傣语即田主），汉人叫刀成义，出生在戛洒平寨，清朝末年戛洒傣族农民起义军领袖。刀成义虽然身居豪门，但平易近人、办事公正。他不畏强暴、爱护百姓，常常帮助孤寡老人；他尊敬长辈和贤士，喜欢和有知识的人交朋友；他把戛洒坝子治理得井井有条，傣家户户安居乐业、村村寨寨弦歌飘飞，老百姓很爱戴他。

鸟无头不飞，人无头不聚。无法活命的傣家人，请求刀成义举旗造反、撵走清兵。刀成义顺应戛洒坝子民众的心愿，扯旗造反。刀成义与李文学领导的起义军里应外合，把清朝官兵打得落花流水、屁滚尿流。李文学和刀成义在戛洒江边会师了。在胜利中，李文学封刀成义为南靖大都督，镇守戛洒山川。傣家军鼎盛时期，兵力发展到了 3000 多兵员。

狡诈的清官兵惨败后，不甘心。他们利用傣家人善良的天性，一面假惺惺地派人向刀成义请求和谈，一面派人去调兵增援。在清官员的百般请求下，刀成义同意与清朝官员谈判。谈判的地点就在今天的戛洒镇卫生院那片林子里。两边商定，每一方参加谈判的人数是 20 人，都不得带兵器。

谈判那天，老老实实的刀成义带着 20 名战士去了，为了方便坐下来谈判，他们每人带着一个轻便的小竹凳子。清官兵呢，也来了 20 名，每人腋下夹着一捆稻草，说是稻草软，好坐。两方坐下来后，清官首先开口，阴阳怪气地变了调子，否认了谈判前答应在戛洒坝子减轻粮捐的许诺，更变本加厉要加重粮捐，并增设捐目。刀成义听了义愤填膺，气氛越来

曾经刀成义就义处的芒果树，如今枝繁叶茂

越紧张。刀成义挥手就走，他万万想不到，狡黠的清官以举帽为暗号，在场的清兵从坐着的草捆中抽出雪亮的长刀来，向手无寸铁、毫无防备的刀成义和战友砍去。激烈的拼杀惊天动地，刀成义和战友在惨绝人寰中殉难了，刀成义的头颅被清军砍掉后，一腔热血冲到了几米外的一棵芒果树上，鲜红的血液染红了大树、浸透了土地。接着，埋伏在四面山上的清兵杀向坝子。刀成义领导的傣族农民起义军被残酷地镇压下去了。

刀成义壮烈牺牲的那一天，是农历六月的属亥（猪）日，花腰傣老辈人商量决定，把每年农历的第一个亥日订为祭日，祭奠自己的民族英雄——南靖大都督刀成义。每年的这一天，戛洒坝村村寨寨的傣家人，无论男女老少都要染红手脚、带上祭品，到刀成义殉难处的芒果树前举行祭奠活动，让花腰傣人永远记住英雄刀成义，永远记住这一次血的教训。

莽莽哀牢山记住了悲壮的那一页。滔滔戛洒江记住了惨烈的那一刻。今天依然根深叶茂的芒果树记住了惨绝的那一瞬。

刀成义领导的花腰傣农民起义军虽然失败了，但他一百多年前在戛洒江畔演出的那一场天地惊、鬼神泣，慨当以慷的壮烈话剧，为温良的花腰傣增添了硬度，为戛洒镇增添了历史厚度，也为他的生命之光增添了亮度。

老波涛（傣语：爷爷）说，每当无月微雨的江雾之夜，在他血染的芒果树方圆几百米范围内，会听到阵阵由远及近，忽大忽小的喊杀声。这是刀成义和战友不散的民族魂在显灵，还是傣家人神化了的传说？但可以肯定，皆寄托着花腰傣同胞对本民族英雄的缅怀与崇敬。

今天，在这棵用热血浇灌的芒果树下，经常看得见远远近近的花腰傣中老年人，将圣洁的达辽（花腰傣人用竹子编成的祭器）摆放在芒果树根前，之后，献上傣家人最好的食品：糯米饭、干黄鳝、腌鸭蛋、甜竜粑和香米酒，化过纸钱以后，虔诚地默默跪拜祈祷，祈求心中的向往。今天，当人们走近那棵魁梧的芒果树，于树下徘徊沉思时，仿佛这热血沉浸过的沃土上还依稀看得见紫红紫红的血珠跳出来。仰望伟岸高树，一个个硕硕金芒果散发出来的沁沁香气，不正是刀成义和他的战友门热血升华的芳馨？

在生命的最后时刻，刀成义和他的战友们，只会想到宁折不弯拼杀，有尊严地倒下、壮烈地倒下，在养育自己的热土上倒下。不会想到后人为他们立碑，更不会要求子孙为他们立碑。但后人知道刀成义在戛洒坝子的重量、在族人心中的分量、在花腰傣黎民中的能量。刀成义走出人间几年后，乡亲们在他壮烈牺牲的树林间，为南靖大都督刀成义立下了一块石碑，一块让花腰傣光荣与自豪的民族精神之碑。

邢公畹与《红河之月》

——一部最早记录新平的小说

历史无情，它淘汰了数不清的文学作品；历史又有情，它保存了许多经过时间老人检验的优秀之作。只有经过时间检验的作品才能确保它的价值。邢公畹与《红河之月》为你翻开神秘新平的旧日往事。

一走进新平，我就想起了和玉溪新平有缘的著名语言学家、作家、南开大学教授邢公畹。20 世纪 40 年代，为做语言调查，他随马锅头，不远千里来到了哀牢山深处的新平县，走过了玉溪新平的奇峡深谷，走进了漠沙、戛洒、磨盘山的花腰傣、哈尼族、彝族村寨。神秘的新平哀牢山留下了他的脚印，也为世人留下了一部作家自称为小说的《红河之月》。它实际是一部今天人们常说的原生态作品，是一部原汁原味写哀牢山中和红河畔的花腰傣、彝族、哈尼族生活的文集。

在去戛洒的路上，邢公畹的名字和他的《红河之月》，老是在我的眼前晃动。我想，这条路，当年邢老前辈也走过。不过，那时不会是今天这样的柏油马路。他行走在穿越哀牢山的茶马古道上，丛林、峡谷、野店、山寨、密林中的夜宿，马锅头的山歌以及用来驱赶黑夜的鸦片烟灯，邢先生憎恶的烟灯，同时也给他带来了一丝亮光的烟灯，是这样既矛盾又统一地写在他走进新平的第一篇作品《灯》中。这篇他去漠沙途中生活见证的《灯》，大概就孕育在我们今天走过的这条路的丛山、深谷中，而最后是在漠沙坝子的某个村寨写成的吧？

哀牢山，位于云南省中部，是云岭向南延伸、云贵高原和横断山脉的分界线，也是云江和阿墨江的分水岭。全长约 500 千米，主峰在新平，海拔 3166 米。哀牢山中的茶马古道是古代滇南的“茶盐之路”（普洱茶、磨黑盐都由此道出境），又是“南方丝绸之路”的重要路段，它始于思茅（今普洱），翻越崇山峻岭，穿过茫茫原始森林，涉江过河，止于昆明，是当时滇西南与内地联系的重要商道之一。当年，马帮在这条线上来往穿梭，运出铜、铁、粮食、药材、茶叶等商品，从外地运进洋纱、布匹、食盐等生活用品。哀牢山的茶马古道，有一个叫马踏穿石的地方，有很多传奇故事。据说当年这里是一个规模不小的镇子，是马锅头走思普，又从思普把茶叶运到内地、康藏的一个重要驿站。玉溪的朋友告诉我们：当年这里很繁华，南来北往的马锅头，都要在这里打尖。有旅社、马店、烟铺，还有好多从外地来的妓女。一到夜晚，灯火闪烁，笙歌玉笛，人欢马嘶，应和得几座山都沸腾起来了。今天，在这驿站上，除了断壁残垣，就只有石板路上历经了百年风雨的马蹄印和那一个特别引人注目的马踏石穿的石洞了。邢老先生在新平时，也可能来过这里。他的那篇《峡谷》中的环境，就很像马踏石穿这个地方。记得邢先生在文中有这样的描写：“雾里有高山，山中有涧，人马在涧边行走。涧水很清、很浅，看得见洞里的白石纹理。涧水潺潺流着……我们过涧，马也过涧，水在脚下卷着白花。清晨山中的涧水很冷，冷得咬脚。”这里描写的溪涧，太像今天我们走过的这一段驿路了。那路边的洞，清亮透底。邢先生在哀牢山中的峡谷和马锅头、有钱人家的少爷相处数日，他们的语言、歌谣、形象，被作家用三言两语记下来，就像屠格涅夫的《猎人笔记》一样，让人着迷。单是一个“呵欠”，那种原汁原味，就够我们去品了：“忽然他张开嘴，我非常高兴，以为他要说点什么，朝他望着，大家也朝他望着。但是他却只打了一个呵欠，我也打了一个呵欠，普诚也打了一个呵欠，其余三个人也各打了一个呵欠。”这一连串的呵欠，写得很生动，也很有趣，没有身临其境的观察，写得出来么？邢先生当年在新平做语言调查时，住在山寨人家，“拿大钱雇人摆古”，记他们的语言、歌谣、传说和现实中的事情，不仅有了语言学家要的收获，还采下了一部《红河之月》。这是专门写新平哀牢山的《红河之月》，是影响了20世纪40年代许多人的《红河之月》。

从茶马古道下来，我们在天黑时，来到了戛洒镇。戛洒江从镇边流过。戛洒江和漠沙河，都是红河的上流。花腰傣女人在江边洗濯，江里闪烁着街上的灯火，也闪烁着花腰傣女人的倩影。我们像当年邢公畹见了花腰傣女人一样，也要看她们，而她们，也自然要看我们。我想起邢公畹60年前笔下的花腰傣姑娘。当时，邢先生还写了花腰傣的花街。花街是新平漠沙、戛洒花腰傣在春节后举行的一种传统狂欢节，也可以称为花腰傣的情人节。邢先生写普家二少爷去漠沙赶花街，约会花腰傣情人，成了情敌的枪下鬼，胸上穿了一个洞，头也被打破了。六七年前，应新平友人聂鲁邀请，我也在漠沙赶了一回花街，虽无缘体验到花腰女喂秧箩饭的情意，却也看到了漠沙街子因花腰傣的盛装打扮而显露的神奇和美丽。邢先生也曾细致地描写过她们的服饰和神态。那是一个木棉树下的村子，“风一吹来，花瓣如一天花雨，树下有一个碾稻子的石滚，还有一个赤脚姑娘靠树站着，她挎着一个竹背笼，长裙及背心和短衣都在黑布的底子上用丝帛绣满了大红大绿的图案，而且钉满了星星，头上的绣花头帕、双垂流苏，掩映着长长的眉和白白的脸。她看着抢花瓣的鸡群。我们来了，她就看我们。我们看她，她就提着笼走了……”邢公畹，大概是第一个写花腰女的作家。但和当年不一样的是我们看花腰女，她们也看我们。我们和她们照相，她们便大方地站在你身边。今天的花腰女，已是邢公畹笔下花腰女的三四代了。她们继承了这个民族的善良、朴实和美丽，又多了她们祖宗所缺少的开放和热情。时代不同了，花腰女走出漠沙、戛洒峡谷的也多了。

当年，邢先生所到之处，有许多险恶，瘴疠、瘟疫，还有兵匪抢掠。他一路走来，写下了《灯》《峡谷》《祭衣》《红河之月》《白大爹和古碑》等以哀牢山红河畔的风土人情、少数民族生活为题材的七篇作品。这些作品经冯至当编辑的《大公报》发表，曾引起文坛轰动，称是艾老的《南行记》后，又一部写云南边地生活的重要之作。玉溪的新平、哀牢山、花腰傣这些特有的东西，外界是读了邢先生的作品才知道的。沈从文认为，邢先生的这些作品“一切还带点‘原料’意味，值得特别注意”。所谓“原料意味”，也就是今天说的原生态。但当时因时局动乱，加上邢先生是搞语言学的，创作只是他的副业，未能结集出版。新中国成立后，邢先生是我国第一批外派专家到苏联讲学的。苏联给了他很高的礼遇，回国时的报酬，当时可以在北京王府井买两三座四合院。但邢先生把这些属于他的钱都捐给了国家。不过，在他回国时，天津人民出版社把他写新平的七篇作品结集出版，书名是《红河之月》。那是给他回国最好的见面礼。当时，还是青年诗人的周良沛在天津时，方纪等文学前辈告诉他，南开大学的邢公畹，有一本写云南新平的《红河之月》。但不久周良沛因被打成右派未能读到这本书。三中全会后，周先生平反，在他写作、编书时，又想到了《红河之月》，几经周折，才从一位文友的内部资料上见到了这本书。周先生为其写了《书前》作为序，于 2002 年由云南人民出版社出版。可惜只印了 3000 册。玉溪、新平的许多人也不知邢公畹是何许人，有的作家想要这本书，也买不到。

《红河之月》是最早向外界展示新平哀牢山的文艺作品，书应该重印；云南、玉溪、新平都应该记住邢公畹。他和云南有缘、和玉溪有缘，和新平有缘。

邢公畹生于 1914 年 12 月，安徽安庆人。《红河之月》在云南人民出版社再版时，邢先生还健在。邢先生在当年艰苦的条件下，为我们写出了《红河之月》，实在令人敬佩。

《红河之月》是最早向外界展示新平哀牢山的文艺作品

世外秘境

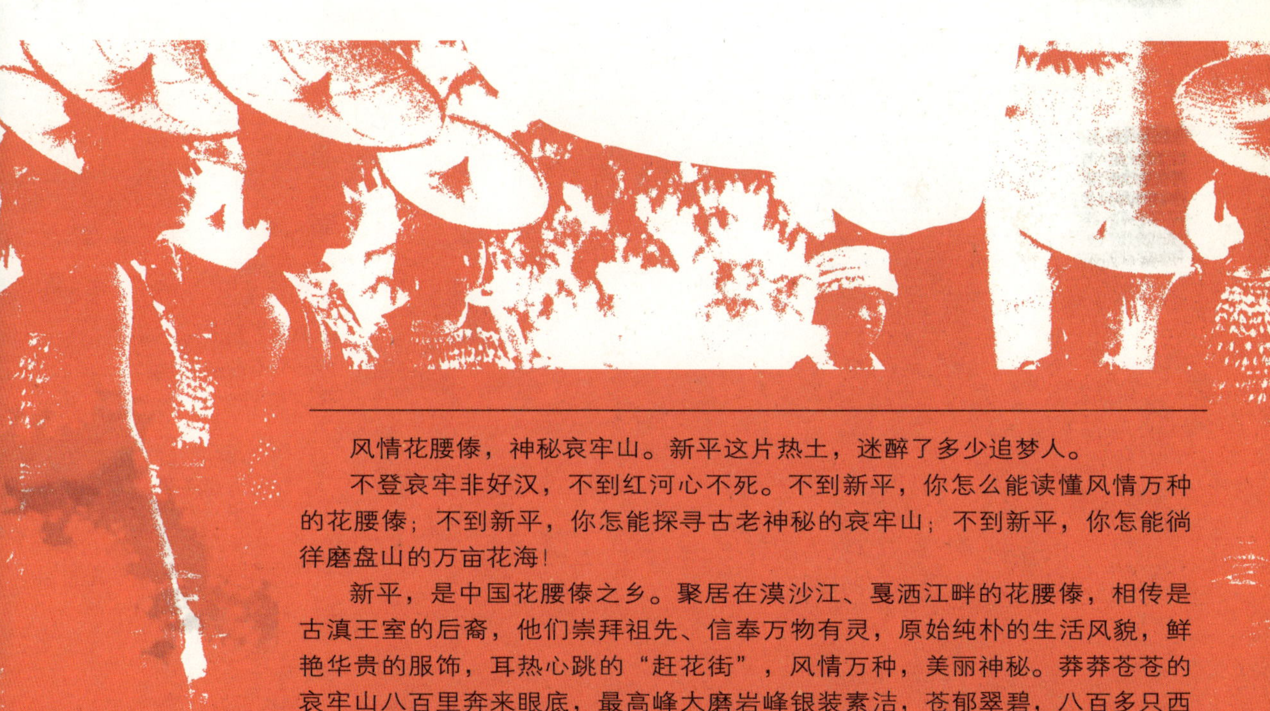

风情花腰傣，神秘哀牢山。新平这片热土，迷醉了多少追梦人。

不登哀牢非好汉，不到红河心不死。不到新平，你怎么能读懂风情万种的花腰傣；不到新平，你怎能探寻古老神秘的哀牢山；不到新平，你怎能徜徉磨盘山的万亩花海！

新平，是中国花腰傣之乡。聚居在漠沙江、戛洒江畔的花腰傣，相传是古滇王室的后裔，他们崇拜祖先、信奉万物有灵，原始纯朴的生活风貌，鲜艳华贵的服饰，耳热心跳的“赶花街”，风情万种，美丽神秘。莽莽苍苍的哀牢山八百里奔来眼底，最高峰大磨岩峰银装素洁，苍郁翠碧，八百多只西黑冠长臂猿在莽林中飘荡，各种飞禽走兽南来北往，珍稀植物就像埋藏在林中的金矿，成就千年不败的“活化石”。这是动物的天堂、植物的王国、鲜花的大观园。

行走哀牢，赏不尽天地精华；漫步戛洒江，汲不尽民风佳酿。春去春又来，花谢花会再开，戛洒江潮起又潮落，木棉花开了一遍又遍，来吧，我在新平花街等你。

风情花腰

滇国后裔花腰傣

神秘的哀牢山，奔腾的红河谷，居住着一支神秘的花腰傣，历史扑朔迷离，高贵典雅的服饰，奇异浪漫的风情，在这里汇成一首歌。

气势磅礴的红河，从滇西南国家级自然保护区哀牢山脚下缓缓流过，穿过花腰傣之乡新平。站在这块神奇的热土上，花腰傣浓浓的神秘气息迎面扑来，眼前触摸到的是漠沙、戛洒、水塘坝子银白色的片片梯田，土掌房寨子就隐藏在溪水边凤凰花、万年青、槟榔树、竹林和攀枝花树间。在这狭长的红河谷坝子，居住着一群独特的花腰傣，花腰傣是古滇国王室后裔，服饰高贵典雅，风情浪漫，依山傍水，没有文字，崇拜万物有灵。

新平花腰傣与居住在西双版纳、德宏等其他地方的傣族有着显著的不同。居住在红河谷坝子上，与其他地区傣族对比，花腰傣的服饰、饮食、婚礼、习俗、染齿、民居、丧葬、农耕、宗教及原始土陶制作等民族文化具有不同特点。神秘花腰傣从何而来，众说纷纭，从文献《史记·西南夷列传》

所载："西南夷君长以什数，夜郎最大；其西靡莫之属以什数，滇最大；自滇以北，君长以什数，邛最大，此皆椎髻，耕田，有邑聚。"这个"椎髻，耕田，有邑聚"的民族即古滇民族建立的滇王国，考古发掘证实是一个农奴制社会，滇王国农奴有熟练的农业生产技术和发达的制陶、纺织、青铜冶炼工艺。从以上内容可以看出，曾经的滇池一带已经建立了中心部落，形成滇王国。从古滇王国的兴起到古滇王国的消失，就成了历史上的一个不解的谜。古代辉煌的滇王国，今昆明晋宁，早在20世纪50年代考古发掘古代滇王墓葬群发现，两千多年前的古滇王国珍贵的青铜文物，生动记载了当时滇王国社会、经济、文化发展的真实情况，其中保留着椎髻发式、筒裙服饰、纹身习俗、座织（原始的织布技术）等宝贵的实物资料。从这些青铜器记载中推断，花腰傣与古滇国有着直接的历史关系。随着古滇国的消亡，花腰傣从此走上了一条大迁徙之路，一直来到莽莽哀牢山脚下，定居在红河岸边的狭长坝子，从此过上了与世隔绝的生活。

在闲谈中，人们一直没有停止过对神秘花腰傣来历的寻找，找寻一种具有强大说服力的证据。然而，更多的只是从许多花腰傣老人口中得到一些线索，即这里的花腰傣是古时候大规模南迁时掉队留下来的。从史书记载和考古发掘中得到强大的有力证据说明，花腰傣就是古滇国的后裔。这也符合花腰傣为什么没有文字，只有口头传说的规律。因为当时古滇国的消亡，是发生战乱还是自然灾害，导致灿烂文明的古滇国消亡，留给后人的是一个谜。当时花腰傣人只忙于逃命，没有从王室中带出有价值的文字或者其他有价值的东西，身上仅穿着高贵典雅的服饰，一直伴随迁徙。

❶ 漠沙江捉鱼

❷ 一网情深

在漫长纷繁的社会演变过程中，新平花腰傣主要分傣雅（今居住在漠沙滇）、傣洒（今居住在戛洒、水塘）、傣卡（今居住在漠沙的曼蚌、峨德村，主要从汉族演变过来）三个支系。

花腰傣妇女服饰艳丽高贵，因一条丈余长的彩带缠腰而形成花腰，并称为花腰傣。花腰傣勤劳善良、心灵手巧，服饰都是用自

纺、自织、自染的土布做面料，外加银泡、绸缎、五彩丝线，再装饰上精美的刺绣，一套完整的服饰就这样形成了。傣雅、傣洒、傣卡三个支系的妇女服饰大体相似，但又各有特点。

傣雅的服饰鲜艳夺目，下装筒裙，除围裙、长筒裙外，中间加一条半腰裙，四围用艳丽的红丝绸镶成宽滚条，半腰裙后片，斜跨银泡串编成饰带，银泡后幅上缀彩色丝线扎成的花朵和红色流苏。发型为顶髻，包头时，包头帕系在脑后包帕上，鲜艳华丽，头戴竹篾编制的鸡枞斗笠，腰系秧箩。傣洒的服饰下装内筒裙，裙为藏青色，上装外套比内褂短，仅遮住胸部，由彩色饰条和银饰组成。内衣上缀满用银泡拼成三角图案，还有漂亮的织锦和刺绣条状花纹，外套衫领口和下摆用彩绸绲窄边，长袖用彩绸宽条镶边后片翘起，整件无扣外衫，好像红河彩蝶。头戴细竹篾编的斗笠，涂上黄红二色。耳戴直径为五厘米的银耳环，手戴六方形银镯，手臂和手掌刺有文图，腰系精致方形秧箩。傣卡服饰下装筒裙由围裙和长裙组成，长裙的下摆宽大，四周有 30 厘米的织绵形图案，两腿之间从左到右有一道波浪折褶，小腿的护腿是藏青色土布，围裙下摆有细条形刺绣。全部用雪亮的银泡串边编成几何图案。领口还有一小块方形的银泡领花。 银泡装饰突出，后片从肩部到腰身下摆都由小方格刺绣织锦条纹图案组成。腰系长形收腰秧箩。

从三个支系的花腰傣服饰可以看出，服饰的艳丽华贵，代表着一定的社会经济产物，花腰傣在红河谷过着男耕女织的聚居生活，他们在红河谷生活富足、人身自由，追求个性发展，体现出个性的美。花腰傣喜欢大自然、亲近大自然、崇拜大自然，把大自然视为有生命、有灵魂的存在，真实地反映在华丽的服饰上，体现了花腰傣女人的勤劳、善良、美丽、聪明、手巧。满身缀满的银饰显示出花腰傣富有的生活和高贵的社会地位。

槟榔林里的约会

❶ 倾城之恋

❷ 山水精灵

随着社会的进步、时代的发展，今天的花腰傣人，走出了一条适合自己生活需要的路子，服饰高贵典雅，沿袭了古滇皇室的华丽艳美。住房从冬暖夏凉的土掌房，再到坚固美观的水泥平顶房，干净卫生，人畜分离，符合现代人居住的审美要求。日子一天天红火起来，种出一年吃不完的粮食，实现了小康生活，“糯米饭、干黄鳝、腌鸭蛋，二两小酒天天干”。不仅是花腰傣人幸福美好生活的真实写照，也风趣、形象地概括了生活在哀牢山脚下、红河岸边花腰傣人的饮食特色，更是人们向往的美好富裕的生活。

每年春节后正月第一个属牛日，是花腰傣最热闹的花街节，是花腰傣卜少（姑娘）、卜冒（伙子）结为友人，寻找心中恋人的一种古老习俗。卜少们穿着节日盛装，三个一伙、五个一群结伴而行，从花街的头走到花街的尾，这样来回不停地展示自己的美丽盛装，英俊卜冒们不停地寻找着自己的意中人。如果双方满意，两人就悄悄离开花街、躲进竹林，在槟榔树林间互相吐露真情，互换定情物，吃下用真情做出来的秧箩饭。除了赶花街之外，平日里的青年男女喜欢串寨子，晚上逛马路，“照电筒”也是花腰傣男女结识恋人的一种独特风俗。从赶花街、逛马路、照电筒等方式，可以看出花腰傣人婚恋奇异、男女平等、自由恋爱、婚姻美满幸福。

过去的花腰傣人一般不与外族通婚，从这里可以看出花腰傣由于长期封闭，一些原始的习俗，以及文化事物得以保存下来。当然，随着时代的进步、社会的变迁，花腰傣人的思想观念也随着改变，从原来不与外族通婚到能同外族结婚，这是思想观念的一大变革。

今天的花腰傣人，走出寨子，走出红河谷，走向城市，在把自己的家乡建设好的同时，敢于面对现实，敢于挑战观念，改变生活方式，表现出花腰傣向往美好生活、追求幸福的勇气。

①古榕树下花腰女

②下鳝鱼

文身染齿古越风

濮水之滨，我们仰望古堡式的土掌楼，看文身、染齿的花腰傣先民，追溯历史。只因栖居高山峡谷，留住文身、染齿的古越风，沉淀了古越文化的根……

在新平，常见花腰傣老人手背、胳膊上都文有动物、花饰和奇特符号。在各村寨的采访中发现，不少花腰傣中老年妇女也在文身、染齿。花腰傣人这一独特的习俗，在人们心中一直是个谜！他们文身、染齿源于何时，意义何在？

史书云："西南夷源于百越族群，乃古越之后，这些族群的先人也文身、染齿。"花腰傣是古越人族群中的一部分，她们为躲避战乱，从遥远的越地往南迁徙。这些古越族群克服重重困难，翻山越岭来到哀牢山红河谷。就在这与世隔绝的高山峡谷里，花腰傣把古越人的许多习俗延续至今。那么他们又是如何文身、染齿的呢？古时候，花腰傣采集橄榄皮、鸡子滕、墨石等植物做颜料，经熬制做成黑色颜料用以文身。而今花腰傣人不再以土法制作黑颜料，而是通用墨汁为染料文身。花腰傣人的文身也极为讲究，一般以老年妇女为文师，

文身、染齿是花腰傣的生命图腾

择日用铁针给青年男女文身。在花腰傣看来，文身不仅是族人的图腾文化，从其自然崇拜的形式来讲就是驱鬼避邪，文身后无论男女即可避免邪恶的侵害。其所文图案有虎、豹、狮、龙、蛇等动物，还有圆形、椭圆形、方纹形、雪花形、棱形等。多文于胸部、腿部、臂部和手腕上，其意为护身之符。认为刺上这些图案，就不受山神、树鬼、水怪的侵扰。花腰傣先民还认为，文身不仅是装饰美，更是保护色。那时大自然潜伏着太多的危机，还有不可预测的各种灾害，时时刻刻威胁着人的生命。面对神秘自然的威胁，心中无奈的花腰傣先民，开始对大自然产生敬畏和膜拜。于是文身避邪之法油然而生，花腰傣先民认为，针对当时的环境，文身是很必要的。一个赤身裸体的人，就是个显眼目标，易遭到攻击。因此，文身不仅是花腰傣人的文化风俗，也是一种生存图腾和保护色。文身、染齿的生命图腾，因生存的需要被延续至今。

水塘镇的花腰傣寨子中，流传着神话：远古时，居住在古老濮水两岸的花腰傣人，在肥沃土地上耕耘与收获，河中的鱼虾也常让打捞者满载而归。如此的富足生活，让花腰傣先民真是喜笑颜开。可是好景不长，不知什么时候，河里来了条凶狠的蛟龙。他见鱼就抢、见人就咬，还时常上岸来抢猪、羊。沿岸村庄里的花腰傣先民都受尽其害，想严惩凶恶的蛟龙。可是道行高深的雅摩刀勒岩莫说：此龙有灵性，不要以恶治之，看我文身后接近他如何？若还来攻击，吾立即斩之为民除害。没想到刀勒岩莫文身后，入水中迎蛟龙而去，它不仅没攻击刀勒岩莫，还绕其一周后转身而去。于是花腰傣先民，就更加坚信文身避邪之说。花腰傣人的文身，从此也笼罩上神秘的色彩。《后汉书》“九龙神话”中云：“沙（砂）壶，触木而孕；其木化龙，认子舔其身，而印。”这文中之“印”，就是现今文身的“纹”迹，因此，花腰傣的文身还有更深刻的含义，其民间口述传说里载：“花腰傣先民也曾认为其文身标志说明他们是‘龙族’！”传说虽然离奇，但这跟后人推论花腰傣是滇王的后裔相吻合。

染齿也是花腰傣独特的习俗。花腰傣的染齿犹如文身一样，有

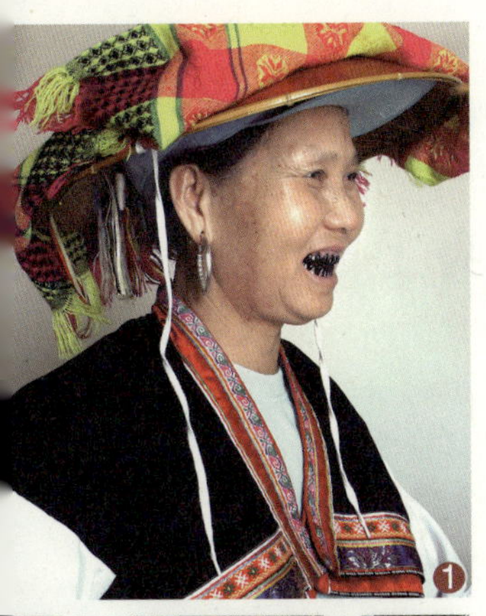

着悠久的历史，唐樊绰《蛮书》中云：“黑齿蛮、金齿蛮、银齿蛮，乃傣族之先民耳……”而康熙《新平县志》又云：“摆夷……齿以草药溅黑如墨，身有斑纹，常纹于胸、臂、手腕处……”那么花腰傣又因何而染齿呢？花腰傣女子自古有染黑齿的习俗，刚满14周岁，就喜欢把自己整齐的白牙染成黑色或深紫色，以示女孩已成年。花腰傣人认为深紫牙齿才是最漂亮的牙齿，才能讨众小伙的欢心。花腰傣染齿是用臭藤果、酸石榴子等草药，个别地方还外加槟榔，经过不断咀嚼让药汁在口中回旋浸泡，最后把牙齿染黑。如此染出的牙齿不但黑，而且亮。花腰傣女人用草药染制而成的黑牙，牢固而健康，不会生龋齿，七八十岁还细密整齐、清洁光亮。可见如此健康整洁的牙齿，肯定是漂亮、美观的，肯定被世人所羡慕。

文身与染齿，是花腰傣这个族群的风俗，它是这个古老民族文化的象征与标志。文身、染齿还是花腰傣人的图腾崇拜。因此，为保留古越祖先文化的印迹，花腰傣人才会毫无畏惧尖锐针具对肌肤的刺痛，而在身上文出花饰、符号、图案来记载先祖们迁徙、耕耘、征战的历程……追忆远古，在茫茫丛林里，在那山间坝子里，还有汤汤大河的古老濮水沿岸及渡口都有文身、染齿的花腰傣先民在忙碌，他们形成一个特殊群体，把遥远的古越文化带到哀牢山红河谷。回望近代，千百年后的花腰傣人，受到各种文化的冲击，明末清初李文学、李来亨余部与刀成义的融合，彝、汉文化在花腰傣地区的渗透；看当代，尉迟世家、陇西李氏的崛起真是风起云涌。对花腰傣文身、染齿的习俗文化都有干扰和影响。但花腰傣文身、染齿古越风的习俗，作为一个族群的标志、一种文化的象征，无论其他文化如何干扰、影响、排斥……由于它有自己的根，其“文身、染齿古越风”，将永远成为一个民族相依、相生的印迹，永远镌刻在哀牢山下红河谷地的这片热土上。

❶ 黑齿为美

❷ 花腰傣女人用草药染制的黑牙牢固、健康

穿在身上的名片

花腰傣的服饰雍容华贵、鲜艳多彩，配上竹编的“小秧箩”，更显婀娜多姿、风情万种。身上束的一条长长的花腰带，经时间的锤炼，已成为“花腰傣”的一张靓丽名片。

新平花腰傣主要有三个支系：傣雅、傣洒、傣卡，他们的服饰花样缤纷，色彩艳丽，且衣服上镶金缀银，给人耳目一新、雍容华贵的感觉。花腰傣的服饰，显示了这个民族的美丽和心灵手巧。

花腰傣的服饰由自织自染的青布和色彩艳丽的缨穗、银泡、银铃、银手镯等组成。旧时，花腰傣男子穿黑色圆领对襟衫，下着打折裤，头戴黑檐帽或缠黑纱布包头，衣服干净清爽，色彩浓重庄严，俨然旧时富家子弟、富商或千岁爷的衣袍。妇女服饰因名称的不同而略有区别。居住在漠沙的傣雅，束发盘于头顶，用一条青布头帕将发裹住。头顶前后、左右两边各披一条宽约半尺、长约一尺的红花布巾，然后再用一条宽约两寸、两端绣满花穗和缀满银泡的青布条捆稳，尔后又将披于头顶前后、左右的两条青布别进头帕中，这样，花腰傣女子的发髻便打好了。由于花腰傣女子均习惯养长发，打好的发髻如古代中原秀才或宫女头顶耸起的高式帽。

傣雅女孩

其后，花腰傣的女人们再在其发髻上戴上一顶恰如开放了的鸡纵篾帽，这样，一张俊俏的脸便半羞半闭地隐藏在鲜艳夺目的红花竹银中。

傣雅人身穿无领、无袖右襟内褂，外穿无领、无襟青色短衫，外衣比内衣稍短，正好可将内衣镶满银泡的衣边显露出来，层次分明，体态万千。外套左右两边和颈部各镶有一排宽约两寸的银泡，衣下摆绣有宽约四寸的各色条纹，袖口由红、绿、黄、蓝、紫等色绸缎衔接而成，服饰银光闪闪、五彩艳丽。

❶ 试新衣

❷ 深情

花腰傣下着筒裙。筒裙也是自织、自染的布，有青、黑两色之分。傣雅裙摆绣有五色花边。习惯上，花腰傣穿裙往往是自上向下套，数条裙子左提成一个斜度叠穿，一条比一条略有提高，正好可将每条裙子的花边露出来，形成一道道色彩鲜艳、如溪水般潺潺流淌的波光粼粼的花边。据说，这些花边是傣乡千万条溪流的象征。

❶ 绚丽多姿的花腰傣服饰——傣卡（头饰）

❷ 绚丽多姿的花腰傣服饰——傣卡（肩饰）

❸ 绚丽多姿的花腰傣服饰——傣卡（腰饰）

居住在戛洒、水塘的傣洒人的服饰，同漠沙傣雅人略有区别。傣洒未婚少女头戴缀满银铃或芝麻铃的小圆布帽；已婚妇女束发于脑后，头戴伞状斗笠，斗笠内前方常插有孔雀羽毛、小圆镜、牙膏、牙刷等装扮工具，不论在什么地方，只要将头顶的斗笠向前斜拉，即可梳妆打扮、施脂擦粉。

傣洒女人的衣服布料同傣雅人也有区别。女子均穿绸缎上衣，下着黑色筒裙，但不提边角。傣洒人的上衣也有内、外两层之分，内着无领、无袖右襟短褂，衣襟边绣有各色条纹花边，左前方镶满银泡及芝麻铃；外套多用彩色绸缎缝制，无领无襟，沿颈部到前胸缀满银泡、银铃。

傣卡服饰华丽、庄重，其头饰是用长约一米且四周绣宽约两寸精美花色图案的花带作为包头巾，并把花带两端的五彩缨穗打结于左耳上。上衣分内、外两件，内为圆形小立领，无袖，长度仅及腰部的褂衣，胸前装饰丰富的银泡。黑色土布外套短于内衣，仅仅遮住胸部、敞襟无纽外衣，门襟两侧嵌、钉光亮的银芝麻铃，袖细长及腕，袖口向上翻折约五寸并刺绣图案。衣背镶有红、黄、绿、蓝彩色布条。下装为A形花边长筒裙并用花腰带在腰间系结。一般穿三条左右，少则一条，最多可穿至五条。裙摆绣有彩色花边，数条裙子叠穿，一条比一条略向上提高，正好让每条裙子的花边外露，裙子从左向上提，使裙身形成一个斜度。外裹两到三层的花边围腰，在重叠中形成丰富的层次美感。身后臀部缠戴的缀满银泡和红缨穗的三角帕和腰间长约两米、宽约两寸两端缀满上百颗银芝麻铃，成串成排嵌着银泡的腰带，佩戴工艺精美的喇叭状“小秧箩”，小腿部缠裹黑色长方形裹腿，起防护和保暖的作用。

花腰傣的服饰缝制起来也非常的麻烦，一套衣服价值三四千元，做成要花去每个阿咪（妈妈）三四年的时间。从买线来自织自染、刺绣、挑花，到每个部位的精心设计，用银泡连缀等等。不知要耗去每个阿咪的多少时光！但花腰傣的阿咪们一生当中还是要不厌其烦地为自己的女儿缝制衣服，女儿才下地，她们便要开始着手为其准备漂亮

的衣服了。因为女儿们的衣服，不但是美的象征，还是家庭贫富的重要标志。

一套完整的花腰傣服装除了挑花缀银，还要配上精美的秧箩和别致的笠帽才算完成，傣雅服饰腰间佩戴的是长形秧箩，傣洒服饰则在腰间系上方形秧箩，这两种秧箩形状不同、各有情趣，而用处却是一样的。

傣家人把秧箩视为爱情的信物，在里面装糯米饭给情人吃，随着时间的推移，秧箩更与花腰傣服饰紧紧连在一起了，成了传统服饰的一个组成部分。秧箩以前是劳动工具，用来装鱼、黄鳝、针线等等，现在则更多地成了一件不可缺少的饰品。那么现在这么漂亮的小秧箩里面装些什么呢？一看就知道了，现代的秧箩装的是手帕、手机和一些随身品之类的东西。

头戴竹编鸡枞帽也是花腰傣服饰的一个重要组成部分，傣雅妇女的鸡枞帽像已开放的鸡枞，帽檐上翘。傣洒妇女的鸡枞帽像刚出土的小鸡枞，帽檐下斜。傣卡不戴竹帽。鸡枞帽一般用凤尾竹编扎，傣雅鸡枞帽向上翘的外形，在帽子王国里是独一无二的，花腰傣妇女穿上传统服装，配上鸡枞斗笠，袅袅婷婷，真是风情万种。

花腰傣不论男女都喜文身、戴红线。旧时，文身和戴红线均是为了避邪。目前，文身和戴红线已成为花腰傣们的美饰。

花腰傣的饰物还很多，特别是青年女子，她们除了要在自己的衣服上镶金缀银，挑刺各色精美图案外，且普遍喜欢佩戴银镯、银链、银珈等贵重饰品。戴上这些饰品，走路金光闪闪、银铃声声，仿佛一路都有银河淌过。

花腰傣美丽极了！花腰傣女子头戴鸡枞笠帽，臀部上方系着小秧箩，是哀牢山红河畔一道绚丽迷人的风景。花腰傣唱着："呀，小卜少（姑娘），天上有云飘过，那是你迷人的帽子；地下有水流过，那是一河的银波……呀，小卜少唉，秧箩秧箩，我们去吃糯米饭唉。"

❶ 琳琅满目的花腰傣饰品

❷ 不同支系的服装展示

彩绣如虹

古老的村庄，织彩的季节。彩绣在四根大柱上定格，花腰女穿梭于柱子间。彩丝飞舞在天宇，让土楼生辉，让古村洒满霞光，这就是彩绣如虹的景致……

花腰傣是个聪颖而智慧的民族，特别是他们七彩斑斓的刺绣让人着迷。多少年来，我们行走在红河谷傣家那些古老的村落里，甘蔗林、香蕉地、芒果林，还有别致而诗意的土掌楼房，都让我们产生遐想。可是花腰傣人的刺绣和编织，从纺、织、染、绣、编、缝的各个程序里，让人们似乎看到那精工卓越的彩绣，仿佛一个巨大的惊叹号，震撼着每个人的心灵，让人惊叹！那一件件精工绣织的艺术珍品：花腰、锦带、头饰，还有那别致、风情的斗笠，上衣、褂子和衣着上的花饰等，其色彩、做工是如此独具匠心。花腰傣的彩绣珍品，呈现于今天这个时代，那就是这个民族惊艳的艺术珍品。它更是花腰傣文化实物元素的具体化，它体现了这个民族的智慧，体现了这个民族文化的深度。花腰傣彩绣，不仅作为民族服饰文化陈设于博物馆里，更主要的是它对今天服

饰界的影响，已遍及中国与世界。它的着色与彩绣，已引起国际服饰界大师们的关注。

我们曾在南薅、平寨、南碱、峨德、曼变等花腰傣村庄，亲眼看见花腰傣人“纺、织、染、绣、编、缝”的整个彩绣工程。那种场面的壮观让人惊叹不已，我也在心中暗暗呐喊：这真是“彩绣如虹，满身飞霞”！见其彩绣，就让人浮想联翩。花腰傣的彩绣，多数是家庭式的“纺、织、染、绣、编、缝”。也就是花腰傣女人，在家里架起纺车或织布机，开始精工细作的纺织，把布织好。随之就是土法染色，把七彩布料经手工制作出绚丽多彩的花腰傣服饰。再看花腰女织布的场景：一架木制的织布机，布机梭子是上好的紫檀木，拿在手上沉甸甸的，可那梭子在花腰傣女人巧妙的手上来回翻飞，织布机咔嗒、咔嗒地响着……那红、黄、黑、蓝、白、紫、绿七彩丝线，随着梭子翻飞织出多彩绚丽的锦缎。这些锦缎或布，有的做衣裳，有的做服饰的花边，组合成多姿多彩的花腰傣服饰。如此的纺织作坊，花腰傣的村庄里几乎每户人家都有，而且每个花腰傣女人都是纺织、缝纫的高手，都能把红与黑进行大胆配置，把锦缎花边镶嵌其中，做出别具特色的花腰傣服饰。而花腰傣人七彩斑斓的色彩又从何而来？古代，那就是花腰傣人的土法染色。花腰傣人用“黑心树皮、紫云树叶、板蓝根、石灰、石膏，还有从溪边、河里捡来的红石、白石、黑石，把它们碾成粉末”就制成染布的颜料。制好染料，把该染的布放入，加温、着色即可。古代，要染成不同颜色的布料，需要制成不同的色料，而这些色料制作也很麻烦。然而，花腰傣先民用他们的智慧，用高超的土法染色，绘制了花腰傣服饰绚丽多彩的天地。

有的彩绣，单靠家庭是无法完成的。如织花腰与织锦带，这在花腰傣人的纺织中，是一项浩大的彩绣工程，他们常常是全寨人倾巢而出。这样的日子，不能随意而定。而是要请位德高望重的雅摩测好日子，最后还要村里的竜头同意才定下。此刻，是花腰傣寨子里热闹非凡的一天，花腰傣女人们聚集在全村的公房里，为她们每年仅有的好日子兴奋不已，她们清理着七彩丝线。花腰傣女人美丽的脸

庞、幸福的微笑，沉淀在彩色的霞光里。还有，同织彩绣的仪式是庄严的，经雅摩烧香祈祷后，才开始全村同织彩绣的仪式。如此的场面，我在其他花腰傣村庄也见过，但规模最大的要数水塘镇的曼变村。那是2010年秋天，我们为考察民族文化来到曼变村。刚下车，老赵就在寨门前恭候，他率我们举行入寨门仪式后，就举步迈入花腰傣村庄曼变，只见全寨花腰傣女人都聚集在香蕉地边的公房内，正忙着清理色彩斑斓的丝线。经老赵介绍，才知花腰傣全村织锦是件庄严而认真的大事。首先，是把红、黄、黑、蓝、白、紫、绿七彩丝线展开，绕在相距约二十余丈的四根木桩上。定木桩也极其讲究，按规矩定于南北方向，花腰傣雅摩称此为四星定位；其次，确定拉彩线的二十五位花腰傣女人。五个花腰傣女人的属相不能相冲，二十五人中平时曾有隔阂的几个，那么今天就要和好如初；再次，确定统领织彩的花腰女。此花腰女人不仅要漂亮，人品还要端庄、孝道、勤劳，在众人中有威望，并且还要有统领人的才能。她就是完成此日织彩的总指挥。织彩就在雅摩和统领的要求下，一道工序、一道工序地展开，约一个小时后，二十余仗长的宏大七彩线阵展现于我们眼前。在镜头的视野里，如此线阵就是七彩天河。此时，织女们吟唱着花腰傣人远古的歌谣……拉着七彩丝线，在祈祷和歌声里编织着，七彩丝线展开又回拢，数十个花腰女绕着巨形织架在奔忙，经过编、织、绣、串，一个彩绣如虹的世界呈现在我们

❶ 拉出的是彩线，绣出的是精彩人生

❷ 织花腰

眼前。长长七彩丝线编成的锦带犹如天河里的波涛，闪耀着那七彩绚丽的光芒。而我们却融入到天河霞光里，在那多彩世界的波浪皱褶里，体味时空的穿越，感受七彩世界里的幻想，我们似乎找到了讴歌这个民族的音符和旋律。

曼变，彩绣如虹的世界，为我们开启了一扇艺术灵感之门。这是新平最西边的花腰傣村庄，那是个彩色童话的世界。一群魅力无限的织女，她们穿梭于织架两旁，穿着节日的盛装，理着红、黄、黑、蓝、白、紫、绿七彩丝线忙碌着。如此场面，让我想起《西游记》中的天宫仙境，让我们想起天河畔仙女们织锦的场面。她们犹如一群仙女在雅摩带领下，唱着古老的歌谣，用巧妙的双手，把七彩的丝线织成了花腰、织成了锦带。雅摩的祈祷，织锦中的古老歌谣，还有那些神秘祭祀，组成了花腰傣人独特的民族文化精髓，这一切组成了彩绣如虹的花腰傣服饰文化。花腰傣神秘织彩场面，再现了这个民族远古的文化。就是那么一个原始、古朴的民族，吸引了众多的文人墨客，去探寻哀牢山下的红河谷，去了却他们远古之梦的怀想。

彩绣如虹的花腰，引起国内、国际服饰界大师们的关注。2003年春季，中央电视台七频道服饰栏目总导演李小江、民族服饰研究专家李广元来到“中国花腰傣之乡”新平戛洒。他们被花腰傣服饰中设计理念上的超越、文化风格上的独特、花腰傣服饰艺术风格与现代理念的不谋而合所震撼。两位大师惊叹地说：此行戛洒让他们找到了远古民族服饰与现代服饰美学理念上的结合部！2003年秋季，中国文化年活动中，云南花腰傣服饰在法国巴黎卢浮宫展演，再次引起国际服饰界的轰动！

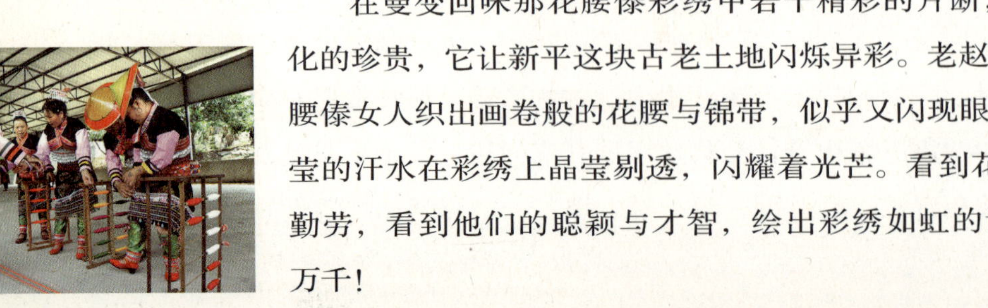

在曼变回味那花腰傣彩绣中若干精彩的片断，倍感花腰傣文化的珍贵，它让新平这块古老土地闪烁异彩。老赵忙碌的身影，花腰傣女人织出画卷般的花腰与锦带，似乎又闪现眼前，他们滴下晶莹的汗水在彩绣上晶莹剔透，闪耀着光芒。看到花腰傣人的朴实、勤劳，看到他们的聪颖与才智，绘出彩绣如虹的诗篇，人们感慨万千！

织花腰

奇异婚俗

花腰傣的恋爱方式很奇特，一般青年男女主要通过窜寨子、照电筒、赶花街等形式认识、相恋。浪漫的赶花街吃“秧箩饭”，传奇的婚恋色彩，让红河谷的爱情扑朔迷离。

花腰傣是一个比较开放的民族，这也许跟他们长期生活、居住在亚热带河谷有关。一般，青年男女长到十六七岁，便开始恋爱了，到了法定婚龄才结婚。

花腰傣的恋爱方式很奇特，一般青年男女主要通过窜寨子、照电筒、赶花街等形式认识、相恋。相传，古时戛洒有一个英俊的花腰傣小伙子，大年初四的那天他到漠沙去找朋友玩，在曼勒村边便遇到了一个出来游玩的花腰傣小卜少，两人一见钟情，后来便结为了夫妻。后来，花腰傣的小卜冒（小伙子）们一到过年过节，便四处走亲访友，串寨游乐，一心想找到一个称心如意的对象。这就是“串寨子”的来历。今天，居住在水塘、戛洒、漠沙一带的花腰傣的未婚青年们，仍延续着这种恋爱、社交的方式，每到过年过节，小卜冒们总要带上好吃的点心，穿上新皮鞋、新衣服，相约着到邻村

❶ 新娘跨红线

❷ 吃秧箩饭

的姑娘家去玩，小卜少、小卜冒集在一起，游戏嬉闹，挑逗试探，对酒吃喝，互诉衷肠，以此结交新侣、加深感情，达到相恋、结婚的目的。

“照电筒”又名“逛马路”，也是花腰傣青年男女谈情说爱的一种形式。相传，旧时戛洒有一个花腰傣小伙子长得很俊，他一心想找一个很漂亮的小卜少为妻，但遗憾的是他周围的姑娘大多相貌平平，脸面姣好的又同他合不来。为了找到知己，这个英俊的小伙子深深地经受了情感的煎熬，但他依然还是长久地没有找到知己。一天晚上，这个英俊的小伙子打着火灯到马路上散步，无意中他的火光却突然照到了一个站在凤凰树下、身材匀称、面容姣好的女子的脸。恰巧，那个女子手中的灯光同时也照在了这个英俊的小伙子的脸上，一时间，两个花腰傣青年男女的眼睛都直了，他们两个都没有想到自己会在这条马路上看到自己梦中的白马王子和公主。两个花腰傣青年男女相持了一下，他们便走到了一起……月光下的马路上，他们相恋了。后来，这对幸运的男女终于结为了夫妻。

这就是“照电筒”或“逛马路”的前身。今天，世居新平的花腰傣青年男女们，也在继续着这一美好的择偶方式。每当夜幕降临，那些青春躁动的小卜冒、小卜少便会带上由火灯替换而成的电筒，打着呼哨，相约着一起到马路、果林边、江边沙地上找情人，去照异性的脸蛋，在电光下审视对方的容貌、身姿，如双方中意，便会走到一起，挽臂走进黑暗深处了……

花腰傣的另一择偶方式就是“花街节”，也叫“赶花街”“情人节”。时间各地不一。漠沙一带的是每年的农历正月十三至十五；戛洒、水塘一带的是每年农历二月的第一个属牛日。

“花街节”是花腰傣青年男女相互认识、挑选情侣、谈情说爱的盛会。花街节这一天，整个新平的傣乡便像滚烫的开水一样沸腾起来了。天不亮，村村寨寨的家长们就要老早早地起来，然后烧火煮饭，为自己的女儿穿衣化妆，只等天一亮，村中最有名望的女人便要带着她们到街上去了。

❶ 喝同心酒

❷ 吃秧箩饭

花街节是花腰傣最看中的一个情人节。这一天，不论男女、不论老少，花腰傣乡的人们，个个都要穿上自己家中最好的新衣裳、新鞋子、新裤子，女的还要穿上银泡、戴上手饰、背上秧箩饭，然后上街去赶花街。吃过早饭，小伙们便早早地赶到街上去等，姑娘们在家中精心打扮停当，便由各寨中最有名望的女人带领着走进街头，让早已等候在那里的小卜冒们"选购"。如若双方中意，便会眼传神，这时，小伙子就会走上前，拉上自己相中的姑娘走向树荫成林的地方。江边、果林、酸角树下常常是谈情说爱、互诉衷肠的场所。小卜少、小卜冒们走到这些地方，男的便送给姑娘花手帕、毛巾、手镯之类的物品，女的回赠自己亲手织染的手绢、花带，而且还要拿出自己秧箩里带来的糯米饭、干黄鳝、腌鸭蛋等晌午饭来给自己心爱的人吃。这叫吃情人饭，也叫吃秧箩饭。吃秧箩饭也是很讲究、很脸红的。一般，男的只须张着嘴就行了，花腰傣姑娘总会用手一点一点喂给她中意的“郎君”。“郎君”不要喂还不行，那可是姑娘的一片心意。

吃秧箩饭的时候，糯米饭还不能吃完，即使男的再饿，也要留着点，表示来年两人此地还要相会。但那个喷香的腌鸭蛋，做郎君的却是一定要吃下去的。尤其是里面蛋白包裹的那个蛋黄，即使你的胃再疼、再坏也得吃下，因为那代表着姑娘最纯真的一颗心啊！

“正月十三在戛洒花街节上，看见了小伙子长得英俊又漂亮。姑娘们带上粽子、蜜多萝（菠萝蜜），等着小伙子们把调子唱。粽子吃完了，蜜多萝吃完了，调子也唱完了，小姑娘爱上了小伙子。”这是最近才出版的《花腰傣民歌精选》中的一首歌词，歌名叫《花街调》，这首歌的原唱就是今漠沙花腰傣刀维英。的确，花腰傣们通过赶花街，或照电筒、串寨子等方式相爱并结为连理，在当地的村村寨寨中已经不计其数，人们只要走进漠沙、戛洒一带的村里，像赶花街、照电筒这样让人耳热心跳的爱情故事听不胜听，要恨只恨你不是花腰傣，或不是她们的心上人，吃不到小卜少的秧箩饭，太难过！太遗憾！

花腰傣的青年男女通过串寨子等形式有了自己的意中人，私下定情后，这时，恋爱便转入准备结婚阶段了。通常，男方便要禀告自己的父母，然后一起到女方家去提亲。去提亲时，男方家一般要带上腌肉、腌鸭蛋等食品赠送女方家，表示礼貌。在戛洒一带，男方家还要带上一只银手镯，赠送给要娶的姑娘。如若女方家收下了物品，两家便可商定吉日，设宴款待亲朋长辈，这叫吃小酒。在吃小酒的宴席上，双方父母又要一起商定彩礼，达成共识后方才选定吉日，准备为儿女成婚。

花腰傣的婚俗和它周围山上的民族大不相同。他们的婚礼是在夜间举行。迎亲的那天晚上，男方家要准备十人左右的队伍，带上自己要吃的菜肴和女方家点要的银泡、银珈、衣物等物品去娶亲。对于男方家来的客人，女方家不必做多少迎接的准备，他们只用准

备些碗筷用具，供男方家使用就行了，至于桌上所吃的饭菜，要由男方家提供。

吃完饭，新娘便由本家的送亲队伍陪伴着，跟着男方的娶亲队伍出嫁了。花腰傣姑娘出嫁时，有兄的家庭还要由她的哥哥背出门口，那时做新娘的妹妹便要放声大哭，以示自己不忘父母的养育之恩。走到中途，不论两村相距远近，还要停下来吃一顿野餐。待新娘子来到婆家门口时，又要进行套红线仪式。套红线是由村中儿孙满堂的长者主持，一般是女的。她手持红、绿两线做成的线圈，给新郎、新娘从头到脚连套三次，以示避邪消灾，接着又要进行浇火仪式和吃同心饭。

门外的新娘伸出右脚踩在门槛上，屋内的新郎将其左脚轻轻地放在新娘的脚上方，然后再由套红线的长者点燃一把火，伸到新娘、新郎的脚上面用瓢水浇灭，使水顺着新郎、新娘的脚背往下淌，这就是浇火仪式。传说浇火仪式也能避邪消灾。吃同心饭是由主持者将两个包有蛋黄的糯米饭团拿在手中，两手上下交叉数次后递给新郎、新娘吃。传说蛋黄代表黄金，米饭代表白银，吃下同心饭后夫妻便能同心同德、发家致富。

人们常说，春宵一刻值千金。对于汉族和其他许多少数民族的新婚男女来说，洞房花烛夜是他们一生中最值得回味的日子。但居住在新平红河流域的花腰傣们，新婚的当晚夫妻却不能同床共枕、共度良宵。待一切迎新仪式结束，新房安顿收拾停当，吃过饭，花腰傣的新娘子当夜就要跟着送亲的队伍回娘家去。而这一去便要几天后才能回来，有的甚至要隔数月。新娘子回来同新郎小住几天，又要回娘家去，一直要等到她怀了身孕，方才会回郎家长期居住。

新中国成立后，花腰傣的婚姻习俗有了很多改变，本民族内婚的规矩已被打破，青年男女也出现了和汉族或其他民

❶ 迎亲
❷ 对歌

传情的电筒光

族通婚的现象。特别是婚后新娘回娘家长期居住的现象已越来越少了。这也许是时代变革所致。但让人们无限敬慕的是，不论旧时还是现在，居住在红河流域的新平花腰傣们总是夫妻恩爱、家庭和睦，讲文明、讲礼貌、互尊互爱的美德在傣乡经久不衰。村寨中，打骂的没有，闹离婚的现象也非常少见，这除了他们天生有着水一样质朴、柔美的个性，大约也和他们的恋爱自由、婚姻自主、吉祥如意的婚俗有关吧。

“花街”的约定

为了这预约在春天的牵手／我积蓄一身的美／只期待你能看见／我如花般的绚丽和妩媚／为了那段邂逅在花街的情缘／我绽放最美的容颜／只期待你能看见／我如花般的绚丽和妩媚／我在花街等你／等待倾心的牵手／只期待美丽的相遇／成就你我今生的相守

初春的新平花腰傣乡是恬静的，江坝上朦胧着一层淡淡的雾气，冬来的候鸟已经飞得了无踪影，蓝天下的哀牢山静得就像一幅剪画，群峰投下剪纸一样明丽的山岚，云朵在风中飘动，诗一样的傣乡画般的恬淡；初春的花腰傣乡又是热烈的，乍暖还寒的江畔，一树一簇的木棉花开得就像彝家人的性格一样火辣辣，从漠沙坝到戛洒坝，再到弯弯曲曲的江水的尽头，木棉花沿江而上、沿江而下，花朵就像一把把小伞，把红河谷打扮得花团锦簇、花枝招展，把傣乡映照得心花怒放。就在这样一个朦胧怀春的季节，在这样一个恬静热烈的季节，在经历了春节的休养生息之后，新平的花腰傣们走出土掌房，在忙着“开秧门”之时，又迎来了一年一度的“赶花街”。

“赶花街”，就是赶街子，只不过这里的“街”是“花街”。这

赶花街

里的“花”不是集市上的鲜花，而是花腰傣姑娘。花腰傣姑娘在这

花腰傣少女

天打扮得花枝招展，上街找情人、约会、比美，尽情展示春天般的美丽。

“赶花街”是在每年的农历正月十三。这天，村村寨寨的花腰傣姑娘天不亮就起床了，哀牢山下红河谷畔的傣乡，密密的土掌房就像初秋大地长出的菌，一窝一窝地开放在平坝中，屋里，灯光映照着傣家姑娘怀春的脸蛋，姑娘们掩藏不住内心的激动让阿妈临窗梳妆，花腰傣人的服饰华丽、富贵，内衣、外套，长裙、短裙、短褂、披肩，还有长长的花腰带，各种银饰和腰上系戴的别致的小秧箩，头上戴的帽檐上翘的斗笠——鸡纵帽。穿戴起来比较烦琐，一套服装穿起来要一个多小时，但阿妈们仍不厌其烦，她们要把女儿打扮得漂漂亮亮，到花街上去展示美，找到自己的情人。

天色越来越亮，东方的朝霞越来越红，似乎预示着今天花街的多情和美好。在各村寨的大榕树下，聚拢来一群一群打扮得花枝招展的花腰傣姑娘，她们身上的银铃声声，就像从高高的哀牢山上漫天落下的水铮，来来去去汇成音乐的江河。妇女主任也打扮得漂漂亮亮，她手中拿着名册，清点小组姑娘的人数，姑娘们很快到齐了，“出发！”随着妇女主任一声令下，花腰傣姑娘排成一支长队，向镇上的花街进发。

太阳就像一张羞红的脸蛋，又像一个朝气蓬勃的孩子，她能照到世界的各个角落，但可能还从来没有在其他地方见过这样的阵势——一群一群的花腰傣姑娘从村寨里走出来，到集镇的花街上去相亲。她们的着装鲜艳多彩，雍容华贵，仪态万千，顺着阡陌小道，顺着弯弯曲曲的田埂，顺着若隐若现的槟榔林，顺着拖拉机“突突”跑过的土公路，在各组妇女主任的带领下走向花街。

节日的花街空气清新，阳光明媚，河谷中散发着稻田泥土的馨香，刚刚新铺筑的水泥路面上行走的都是身着节日盛

❶ 每年农历的正月十三是花腰傣赶花街的日子

❷ 花街夜市

装的花腰傣青年男女。那些未婚的花腰傣姑娘，为了在花街上找到意中人，一个比一个装扮得靓丽，穿夏装的是紧身的短衫配上如虹的彩带，越显现出青春女性的诱惑。穿古老的花腰傣服饰的，头束花纹图案的彩帕，无领的对襟衣衫上，缀满了银光闪闪的银泡花饰。特别是那些如开放了的鸡枞帽子，一顶比一顶翘得好看，在阳光下遮住半边花腰傣姑娘的粉红妖艳的脸蛋，让人有一种走进神秘女儿国的感觉。槟榔林里、花街的各个角落都站满了花腰傣姑娘，她们用羞羞答答而又闪亮的眼睛悄悄窥视着一个个过往的男子，也有的小伙子站在槟榔林下寻觅着自己意中人的到来。若有双方一眼就看上对方的，双方就会偷偷地示意，然后男女都会悄悄离开群体，在羞涩相交的情绪中双双走进村旁的槟榔林。中午的时候，各方的来客和当地的小伙子都暗暗跟上自己相中的一位小卜少，双方偷偷示意，在忽明忽暗中怀揣着美好的心事走进村旁的林子中。鸟儿被赶上了树梢，林中传来“咯咯咯”的笑声，也分不清是男人的欢笑，或是女子故作的娇羞，频繁的声音从林子里传来，让外面的人心怀畅想和暗伤。

一年，我带省作协的几位作家到漠沙赶花街，作家们和我都在乡镇领导的安排下体验了一回“赶花街”和吃秧箩饭的情形。第一次和我吃秧箩饭的是一位家在江边的傣家姑娘，她的服饰和她家养的一只山箐鸡一样艳丽，她长有一排鲜玉米一样光洁的牙齿，脸蛋就像河谷里的攀枝花一样娇艳，汉话也说得很甜美。也许是我过于正统的穿着让她有些认生，我们面对面时她总要双指相互缠绕在一起，做出闺秀的不安。不过这种状态很快就被我的开朗打消，我们一起谈到了傣家人喜欢养的孔雀，她说她很喜欢，羽毛就像她们花腰傣的服饰一样漂亮。她又告诉我说她家还养着一只野猫，金黄色的毛，很像只小老虎。在她的带领下，我看到了在土房里拴着的这只野猫，毛果然很漂亮，铜钱大的花纹缀满了细长的腰身，样子果真很像只东北虎。它看见了我身边的主人，“咪咪”地欢叫起来，像个不安分的孩子。这个傣女在林子里喂了我她腰间带来的秧箩饭，主要是干黄鳝、腌鸭蛋、糯米饭，然后她又送了我一只篾编的小秧箩，我们在别人艳羡的目光中走

1

2

出了槟榔林。

按花腰傣的风俗，吃下秧箩饭就等于和陪你的人私订了终身，但在我和她之间，我们的秧箩饭仅是表演性的，按领导的安排完成作家的创作体验。只是这个后来不知是有意还是无意中告诉我她叫阿芳的女孩，过了多少年后我依然还记起她。我想起她赠我秧箩饭时，她的眼睛不知怎的却大胆地看着我，她伸到我面前的手背上精致地绣着一个黛紫色的蝴蝶图案，蝴蝶图案下端又刺着一个大大的“忍”字。这只蝴蝶和这个“忍”字叫我茶饭不香地想了好几天，它把我的整个心思都打乱了，我就像迷迷糊糊地做了一个梦，梦就从见到这个花腰傣女子时开始。

赶花街是花腰傣最为隆重的传统节日，最初是在新平县漠沙镇龙河村大沐浴寨子赶，后来便扩大到新平境内的整个傣乡。关于“赶花街”，还流传着这样一个传说：相传古时的大沐浴寨子，住着一位傣雅姑娘刀玉。她生性善良，美如花玉，每天都要做一些好吃的糯米饭、干黄鳝、腌鸭蛋，用芭蕉叶包好，装进腰间的秧箩，送给在田里栽秧的爱人吃。一天，她送秧箩饭到田间，一个蛇身人面的妖怪挡道淫笑说：“美丽的女人，我的金银财宝堆成山，你嫁给我，可享尽天上人间的幸福。”刀玉说：“我不爱你，谁稀罕你那些沾满血污的金银！”那妖怪又说：“你不肯嫁我，吃你的秧箩饭也行。”刀玉说：“秧箩饭只有心爱的人才能吃，怎能让你这个妖怪吃！”她说着就要从妖怪的身边冲过去，妖怪伸出魔爪来抢秧箩饭，刀玉一边用手紧紧护住秧箩，一

边呼叫乡亲来打恶魔。待乡亲们赶来，刀玉已倒在血泊之中，但她的右手紧紧护住秧箩。临死前她说："请你们把我的秧箩饭，送给田间的爱人吃。"从此每年春天为纪念这位对爱情忠贞的刀玉姑娘，都要赶花街。在花街上，青年男女寻求爱的知音，情投意合者，便走进山凹树林，在一起吃秧箩饭。秧箩饭，又叫定情饭。每年一个赶花街，便有成百上千对花腰傣青年结下百年。

今天新平花腰傣乡的传统"赶花街"，已经变成了"花街节"，除了青年男女谈情说爱，吃秧箩饭的内容外，还打上了旅游、物资交流、招商引资等一些时代的烙印。地处哀牢山河谷的漠沙镇、戛洒镇，再也不是过去那种只卖点水果、蔬菜、土特产的山街子了。虽然卖汤锅的、摆地摊的照样生意火爆，但许多酒楼、花街水岸、娱乐场所更引人注目，特别是许多高楼鳞次栉比，商店里的货物琳琅满目，凡在大城市见得到的，这儿照样可以买到。新平花腰傣乡不再遥远，峡谷吹来了外来风，不少花腰傣女人，平时也不穿她们的民族服装了，高跟皮鞋、现代时装，加上小坤包，一副现代女郎的派头。为了招商引资，扩大旅游的知名度，当地政府打出了花腰傣女人牌，每年花街，镇妇联和文化站出面，组织一些花腰傣姑娘和小媳妇，穿上民族盛装，背上小巧精美的秧箩，陪同外地的游客到树林里吃秧箩饭。虽然只是假情人式的体验，但政府以节造势，拉动了人气，姑娘们有了喂秧箩饭的收入，旅客们也体验了一回"赶花街"，都满意而归。

"我们村的那边还有一个村，年年村上赶呀嘛赶花街，清扎哩的哦请扎哩的哦，清扎哩的哦请扎哩的哦。漂亮的姑娘穿起嘛花衣裳，俊俏的小伙弹起嘛三步弦，清扎哩的哦清扎哩的哦，清扎哩的哦请扎哩的哦……"这是现在花街节上唱得最火的一首歌——《赶花街》，来自墨江的歌手阿黑，用他激情四射的歌喉，表达了新平花腰傣青年男女对花街——"东方情人节"的情有独钟。新平红河谷的"赶花街"已成为傣乡超诱惑的一道风景，新平的花腰女儿红。

❶ 摘叶传情

❷ 赶花街

柔美的土陶

土陶是花腰傣生活中不可缺少的用具，从泥土变成一件生活用具，再发展到艺术价值的精美土陶，体现了花腰傣女人的心灵美和艺术美。

花腰傣的土陶制品，它伴随着一代又一代花腰傣人繁衍生息，从远古走到现在，从而使我们看到了今日戛洒镇土锅寨的土锅。

这是一个风光秀美的小村子，当地人叫它小寨子。左边是清澈如镜的南线河，三面是月亮汪汪的傣乡水田，婆娑的竹林，翠绿的甘蔗地、香蕉林、荔枝树、芒果树将小寨子掩映在生机盎然的绿色世界中，走进土锅寨，就像走进一个童话里的小世界。

"啪啪啪"的击打声、"宫咚宫咚"的碓声击打着果树上小鸟的翅膀，我和几位好友来到土锅寨，这里一片繁忙。进村才知道，原来，"啪啪啪"的击打声是缘于花腰傣人在用木板敲制土锅，"宫咚宫咚"的碓声是花腰傣人在用石碓舂土。寨子里的路边晒满了牛粪一样挑来晾晒的田土，一位朋友说："土锅寨的人都在玩泥巴。"

在一个村民的引导下，我们走进制陶人刀正富家。他家的房子宽敞明亮，原先的土掌房已翻盖成三层楼的水泥平顶。看来，在城镇化强力推进的进程中，土锅寨17户村民也不能幸免，他们把祖

土陶传人

祖辈辈传承下来的土掌房变成了钢筋水泥平顶房，让现代代替了古老，唯一庆幸的是他们保留了吃饭的本领——花腰傣土陶技艺。

楼上楼下、家里家外都摆满了土陶制品，都是未烧制的土锅、土碗，土做的花瓶、烟灰缸、茶壶、烟筒和部分工艺品。刀正富告诉我们："烧好的都被街上的人来收走了，这是刚做出来的一批。"他边说边和他女人忙活。他正在做一把土茶壶，他女人则在做一个大土锅。他们的面前各摆放着一只盛陶用的簸箕，四周放着拍打用的圆石和拍板，陷土用的刀具等，地上塑料袋中还装着一袋和好的泥。这是一个世世代代靠制土陶为生的家庭，夫妻的手艺已经相当娴熟了，他们并排坐在木凳上，围腰上沾满了斑斑点点的泥土，男人的手宽大而丰厚，女人的手小巧而灵活，他们俩都在全神贯注地做土陶，半成品的土陶在他们面前簸箕里的手上转动，他们边转动制品，边用手轻轻地捏，用拍板轻轻地打，用小刀轻轻削去跑边，用鹅卵石滚土锅的内壁。女人已经做好三个土锅了，这是她当天早晨再做的第四个土锅。土锅很大，可装十多斤的水。女人说这个土锅可以卖到四十多元钱，小的二三十元一个不等……女人和我们聊着，她手中的土锅也要做好了。最后，她左手托起制成的土锅，右手拿起一把刻有鱼尾纹的木板轻轻敲打在土锅下端的外壁上，让鱼尾纹在土锅上留下几道精美的图案。而后，女人把制好的土锅反扑在院子的场心晾晒着，她要等土锅水分完全干透了再拿去烧制。在这些花腰傣的土陶制品中，土锅是最为适用的，当地的人都用它来盛凉开水喝，或把它用来煮牛肉汤锅吃，城里人或将它用作房间的装饰摆设，也有的把它用来装贮普洱茶，用途可谓多多。在刀正富家，有一件造型独特的烟灰缸深深地吸引了我们的眼球。

这是一件刚刚烧制好的烟灰缸。烟灰缸是用三道精细的

制作土陶

泥土垒成，上面刻有精美的印章，并嵌有绿叶花边，更独特的是烟灰缸上坐了个头戴斗笠、双手抱奶的花腰傣女人，胸前的两只硕奶就像两只长吊的葫芦，结结实实地凸在花腰女的胸前并环抱在她的手中。我们惊叹于刀正富的创造，并佩服他的大胆想象。刀正富解释说，这是他根据古老的花腰傣人生活的情节创作的。底座的烟灰缸其实代表着一个火塘，这是一个不穿衣服的花腰傣女围在火塘边上烤火。刀正富说，戛洒坝的气候炎热，古代的花腰傣人晚上经常不穿衣裳围在火塘边上聊天。经他这样一说，我才明白了其中的道理。再环看四周，做好的部分烟灰缸上坐着的还有双手抱着烟筒拉烟的男子呢！

刀正富家楼上的床板上还平摆着十多支土制水烟筒，我非常吃惊。本来，在我的想象里，土是最怕水泡的，但土锅寨的花腰傣人不惧陈规旧念，大胆突破，创作了土烟筒。看来，在长期的生活实践中，土锅寨的花腰傣人“玩泥巴”已玩出了道道、玩出了性情、玩出了柔美，脆弱的泥巴只要一落到他们手上就变得悠柔绵长，他们就像城里的人捏饺子、做面条一样，已将泥巴做成了一个产业、做成了一条致富路。若说他们是在做一件制品，不如说他们是在酿造新一代的傣家生活。

据史料记载，陶的发明还在铜、铁之先。在没有发明铁、铜做器具的时代，先人们在生活中就发明了泥具盛装东西。在戛洒江畔的花腰傣土锅寨，这种制陶的发明也是非常久远的。在当地流传着这样一个传说:“相传在远古时，一群花腰傣小伙子在南恩河边玩耍，玩累了休息时信手用河里的泥巴捏了个土锅，并架起火烧制。待土锅成形后把肉食放在锅里煮，品尝后发现味道鲜美异常，就端回村里让乡亲们品尝，个个赞不绝口。从此，土陶的制作技术和用途就保留了下来，成为傣家人生活中不可或缺的一件宝贝，制作技术也不断得到改进，越来越精良。”据镇上的一个傣学专家向我们介绍：傣族史诗对傣族先民创造陶器的过程有这样的记录：“如今做土，也得晒干后，再用火烧它，使土变轻，装水水不吃，人用也好用，告诉你们吧！这叫作贡万（烧碗），这叫作贡莫（烧锅），这叫作贡蛊（烧盆）。从那个时候起，人学会了捏碗，人学会了烧锅，一代教一代。”

土锅寨中一位姓刀的传承人向我们介绍，土锅寨的土陶制作以土为主，对土的要求极高，不是什么地方的土都可以用来制作土陶的，戛洒坝只有这个村子的田土可以用来制作土陶。制作土陶制品用的土是把田地里的三层土按照一定的比例混合起来晒干，然后把土舂细，用细筛子过滤，除去杂质、砂粒，用盆装好，倒入清洁的水搅拌，用手反复揉，摔打成块，软硬一定要适度，这需要有多年的经验才能把握好。揉好的泥土要用塑料薄膜包好，防止水分蒸发变硬。烧土陶用的燃料是稻草、瘪谷、粗糠和草灰。烧制土陶对地点和天气有严格的要求，要选在平而干燥的地面上进行，天要晴。若在潮湿的地方或遇雨烧制，会造成土锅颜色不红，强度不够，出现裂痕，甚至破烂。在我们的要求下，当天晚上，我们在土锅寨现场观看了花腰傣人烧制土陶制品。太阳落下去了，月亮还没有升起来，一天中燥热的风都静止了，似乎要同我们一起等待观看土锅寨人烧制土锅。在一棵酸角树下，村里的两家花腰傣人在他们的烧制点铺上一层稻草，然后把一担一担挑来的土锅堆放在上面，再用稻草盖起来，再在稻草上盖上瘪谷或粗糠，再撒上一些草灰，然后点火……火光照亮了花腰傣人俊俏的脸，也照亮了我们的心，照亮了花腰傣人幸福的生活道路！这一堆土陶制品要 12 个小时之后才能刨出，当晚我们没有看到烧后的成品，但我们从主人的脸上，已感受到丰收的幸福。

离开土锅寨，我们从戛洒镇的大道上乘车穿过。两边高楼、商铺林立，华灯初上，灯火阑珊，有几家卖土陶的商店里站满了人，客人们在商铺里挑拣着土锅寨的土陶，人声“叽叽喳喳”，就像路旁大青树上刚要安顿下来的一群小麻雀。

❶ 爱不释手的造型

❷ 土陶作坊

怕人的“辽匹”

花腰傣人十分看重长者的丧事，认为去世的老人劳苦了一生哺育儿孙，现离开了人世，应倾全力办好丧事，将其送到阴间过上更好的生活，来告慰后人。

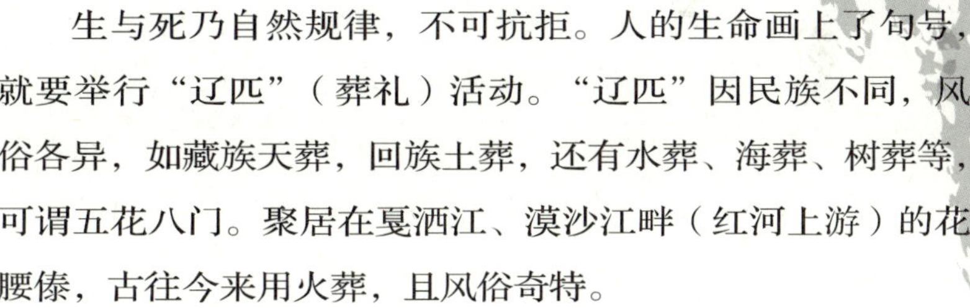

生与死乃自然规律，不可抗拒。人的生命画上了句号，就要举行“辽匹”（葬礼）活动。“辽匹”因民族不同，风俗各异，如藏族天葬，回族土葬，还有水葬、海葬、树葬等，可谓五花八门。聚居在戛洒江、漠沙江畔（红河上游）的花腰傣，古往今来用火葬，且风俗奇特。

每当寨子里有人过世，就要向寨里人报丧，便在自家房顶上朝天鸣放三枪，寨人便知道寨里有人过世了，全寨人都要停下手上的活计，来帮助丧家处理后事，并不准从外面拿东西进寨子来。据说，如果死鬼看到有人往寨子里搬运东西，或是听到砍柴、舂米、纺线声，寨子里就会继续死人。死者家要把缸、罐里的水倒光。如果不倒光，死者会来洗脸、洗脚、洗衣服，让活人不得安宁。

花腰傣认为人有 32 魂，活着的时候魂要附身，身体才

安康。人死了，魂还在，雅摩（巫师）叫魂说："第一魂，留在家里，留在他死的房间里，留在他洗礼的柱子上……"尤其是花腰傣女人，一断气就要为她洗礼：净身、梳发、洗脸后穿好盛装。盛装是花腰傣女人特有的服饰，每一个花腰傣女人都有一套，全用绫罗绸缎缝制，精美绝伦。花腰傣妇女的盛装一生中只穿三次，第一次是在出嫁时穿，第二次是在父母过世送葬时穿，第三次是在自己过世时穿走。

人死后埋在哪里，由死者的魂决定。抛蛋选坟址是花腰傣独特的习俗。人死后，丧家儿女就背上一碗糯米、一枚蛋上山选坟地。依照花腰傣丧葬传统习俗，"头靠山顶，脚踩清水"来确定坟地，坟址的具体选定是：丧家儿子往坟地周围撒三把米，背对山面朝水跪下，闭上眼睛念道："阿爹（阿咪），您要住在哪里，请您来定！"然后双手捧一枚蛋从头顶放下，蛋顺着脊背滚落地面，如果蛋落地破裂，最好是蛋黄溅染大地，就是好坟址。如果蛋滚落不破则认为是凶址，或死者不愿意，必须另选址。

花腰傣人死后，当天就抬去火化。死者房间里要打扫得干干净净的，像是什么事也没有发生过，只在留魂柱上挂一个装洗礼物的土锅，待发丧时用叫魂的红线代替拴上才把它拿走。花腰傣寨门有阴阳门之分，死人只能从阴门抬出，路过的人家要在自家墙脚下撒灶窝灰，表示隔开死鬼恶魂。火化地选在墓地不远处。点火前死者亲人要摘三枝小黑果树叶，对着嘴念："山上的神啊，我们的亲人到这里居住，你要好好服侍他，把周围看管好！邪恶的鬼啊，这里是我们亲人应有的地盘，你们不得侵犯，你们不要来扰乱！"念完，把小黑果树叶放在棺木上，随后从寨子的方向点火。一会儿，熊熊大火就把棺木和遗体化为灰烬。

❶ 孝子哭灵

❷ 前来奔丧的亲朋

发丧的当天晚上，丧者的女儿们摆祭坛一定邀请雅摩为丧者指路送魂。祭坛摆好后，雅摩上祭坛做法事。花腰傣人相信，人死后，由雅摩将其灵魂送到"勐窝、勐卯"（理想的地方），这样，死者能安息，生者的生活才会美好。雅摩摇着扇子一会儿跳上，一

钲、鼓、唢呐声中的送殡队伍

会儿跳下，唱道：睡在被窝里的亡灵，从被窝里爬出来，下床，穿好衣，背上水、油炸干黄鳝、腌鸭蛋、肉饭，走下楼梯，走出家门，走出寨门，告别家神、寨神，告别儿女、老伴。我领着你单独走，往南走，走过一个坝子又一个坝子，顺着平地走，一直往南走，顺着大江走，坐船要付钱。肚子饿了打开饭盒吃饭，口渴了打开葫芦喝水。走过光棍汉的地方，走过水肿病死的地方，走过白虎精的地方，走过汉人死的地方，不要怕，不要停。走过3000座高山遮脸处，走过5000座高山遮眼处，走到360枝万年青树下，走到三岔路口，走到看不到底的大黑箐，走到鸟栖、老虎睡的大树下，不要怕，不要哭，赶紧走，儿子的火把会照亮前方。走过南皇河，走到忘情果树下，吃了忘情果，把前生前世忘掉，最后送你到“勐窝、勐卯”，让你住下，好好地生活。

雅摩送走亡灵，收扇下坛。所得的报酬是：祭坛上的稻谷、糯米、食盐、白布、银钱以及鸡或鸭腿，还有一只牛腿。丧事告终。

诡异的“社”

红河上游新平县境内居住着四万多花腰傣，千百年来一直延续着传统的原始宗教信仰。他们崇拜自然，信奉万物有灵，民风淳朴，习俗奇异，神秘的花腰傣祭祀，独具浓郁特色的情景。

傣语的“社”，就是祭祀。聚居新平的花腰傣人认为，天上的日、月、星辰、风、雨、雷、电，地上的一座山峰、一条河流、一个寨子、一棵古树、一个石头、一粒谷子以及吹奏的唢呐等等，都有神灵或受神灵的主宰。对神灵一定要选择吉日祭拜，傣乡才能风调雨顺、人畜兴旺、五谷丰登、村寨安泰。在众多的祭祀活动中，祭寨神、叫谷魂古老神奇，亦很有意义。

祭寨神，花腰傣叫“祭社”。古话说：“鸟无头不飞，人无头不聚。”祭社要选出“伙社”，即祭寨神的主持人。选主持人神奇而有趣，就是在寨子里先选出三至六位儿孙满堂的男性老年人来，请他们穿上节日的盛装，来到“寨神”树前面磕头作揖后，把各人的盛装脱下来用秤称一个重量，不够的用大米添足。然后又请他们把盛装穿上后再脱下来秤，说来奇怪，总有一位或几位老人的盛装会重起来，最重的一位，就是寨神选中的主持人（“伙社”）了。“伙社”一年一换，年年都是新人。当天，家家户户按传统规矩把祭寨神的祭品送到“寨神”前面（按人头计算，一人一碗米，半斤米酒）。鸡、鸭、鹅、蛋、鱼、小菜，随心拿到寨神树下。新婚的人家，要蒸一甑糯米饭；生得儿子的人家，要提一壶用红布包裹好的米酒；生得姑娘的人家，要磨一桶豆腐脑，来向寨神报喜。有未婚生子者，要宰一头猪来祭献寨神，以求寨神宽恕。

在主持人的带领下，祭过寨神以后，大家听从“伙社”的吩咐，蒸煮、油炸、烧烤，办了一大桌香香美美最具花腰傣特色的佳肴，大口喝酒，大块吃肉。席间，大家以人丁兴旺为主题，议论全寨的大事。酒足饭饱，太阳已经落下哀牢山了，迎着满天红霞，花腰傣人扶老携幼各自回家安歇，把一场笑声留给寨神。

如果说春节是一家人团聚的美好时光，那么祭寨神则是全寨人最欢乐祥和的日子。大概时间在早稻栽插完毕，具体

雅摩的法器

"辽匹"

由各村寨选一个吉利的日子进行"祭社"活动。

叫谷魂。新平县的戛洒坝子、漠沙坝子是滇中的重要谷仓。聚居在这里的花腰傣同胞，世世代代耕耘水稻，一年两熟，爱谷如珠。

每年的农历六月间，当第一季稻谷收割完毕之后，花腰傣人家家户户都要选一个吉祥的日子叫谷魂（傣语叫欢亨毫）。叫谷魂这一天，吃过简便的早饭后，全家人都忙得团团转，男人留在家中宰杀猪鸡鹅鸭，妇女们带着娃娃到田里拔菜找佐料。食品备办好，所请的五亲六戚和挚友都到家里后，便把丰盛的美味佳肴和米酒端到正堂屋里奉祭谷灵。首先，家庭主妇跪于谷灵前敬酒三杯，接着大家向谷灵跪拜后，全体肃立谷灵前，由主妇唱诵传统的《叫谷魂》歌：

谷魂啊！
您是稻的王；
谷粒啊！
五谷您为首。
摆好醇香的米酒，
献上猪鸡鹅鸭，
选择良辰吉日，
请来五亲六戚，
大家祭拜您。
……
尊敬的谷粒谷魂，
快拢伴 快归位，
高贵的谷粒谷魂，
快回家 快进仓；
……
泼在东边田的谷粒谷魂快回家，
掉在西边田的谷粒谷魂快进仓，
散在南边田的谷粒谷魂快拢伴，
落在北边田的谷粒谷魂快归位。
谷粒谷魂快回家！
……
来啦！来啦！来啦！
谷魂归位啦，
谷粒归仓啦！

祭毕，全家与客人共进美餐。

叫谷魂的起因，在戛洒、漠沙坝子的村寨里，流传着一个故事。

很久以前，有一位傣洒妇女，丈夫出远门去了，到了收早稻谷的时候还没有回家，公婆年老多病，娃娃还小，只有她一个人去田里收割稻子。这年的稻谷长得特别好，而她劳力单薄，收割很不仔细，田里掉落了不少谷粒。到了吃晌午的时候，她急匆匆地挑着谷子走上田埂准备回家，却听到田里好像有轻轻的哭泣声：呜呜呜……我长得瘦小，她就把我丢在田中不要啦。呜呜呜……我长得肥大，她也把我抛撒在田中，不管了。呜呜呜……

她又听到田中在说话：我怕小雀啄！我怕田鼠咬！我怕蚂蚁啃！唉！北风吹来我就死啦。

妇女听得很清楚，是田里的谷粒在哭泣。回到家里，她把在田中听到谷子哭的事一五一十地讲给公婆听，公婆又把这件事讲给村里的人听。后来，老人们商议决定，在早稻收完后，各家选一个好日子叫谷魂。戛洒、漠沙坝子里的傣家 9 村 18 寨都学着做，一代一代传下来。

叫谷魂，反映了红河流域花腰傣万物有灵的原始崇拜和古老的稻作文化传统。傣家人勤劳耕耘、精收细打、颗粒归仓的做法，值得学习和赞扬。

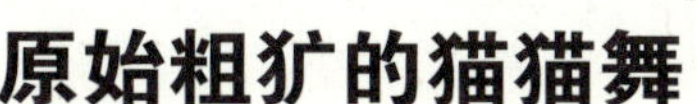

原始粗犷的猫猫舞

猫猫舞，是傣洒人从古时候传承下来的一种驱赶疫鬼、祭祀祖先、禳灾纳吉的宗教活动。猫猫舞表演的特点，跳猫猫舞所需的道具，跳猫猫舞者的服装、面具、角色分工各具特色。

猫猫舞，傣语叫“跳涡车”，民间又叫跳老虎头，是聚居在红河两岸的花腰傣人在春节期间、婚丧娶嫁和祭祀活动时表演的一种动物情态舞与武术表演相结合的民间传统舞蹈，是傣洒人从古时候传承下来的一种驱赶疫鬼、祭祀祖先、禳灾纳吉的宗教活动，是由傩祭、傩舞发展起来的宗教与艺术的结合，是娱神与娱人相结合的原始、古朴、粗犷、独特的祭祀性舞蹈，是傣洒人原始宗教神灵崇拜的产物。由于这种舞蹈表演性较强，场面隆重，气氛热烈，而且不受时间和地点的限制，因此深受花腰傣人的喜爱。

关于猫猫舞的来历，有这样一个传说。

从前戛洒镇最南端有个寨子叫曼坝沙。寨子土地肥沃、山清水秀，人们勤劳智慧，年年五谷丰登。有一年，寨子里突然降了一场灾难，寨子有魔鬼、妖精在作怪，人和家畜死

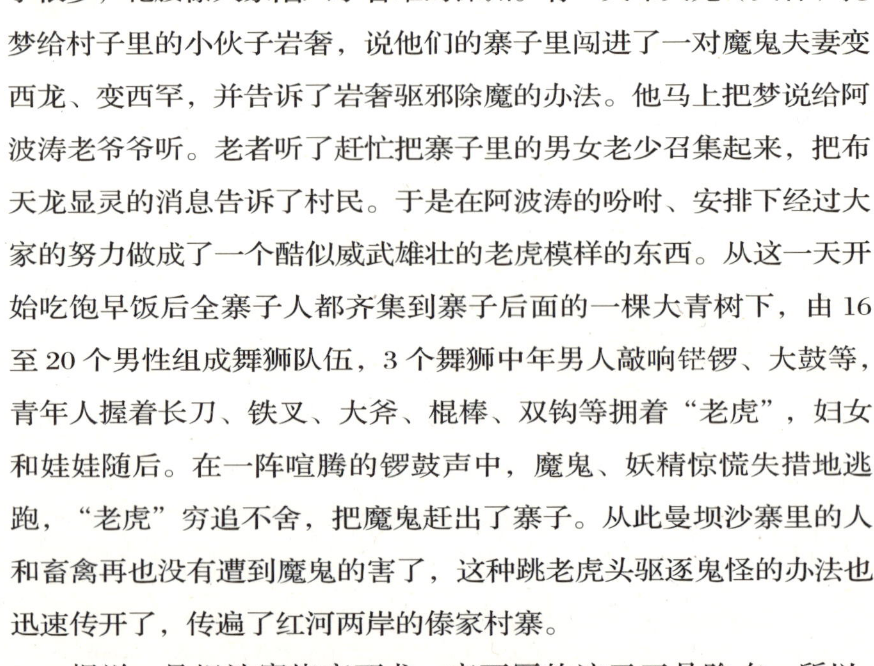

了很多，花腰傣人家陷入了苦难的深渊。有一天布天龙（天神）托梦给村子里的小伙子岩奢，说他们的寨子里闯进了一对魔鬼夫妻变西龙、变西罕，并告诉了岩奢驱邪除魔的办法。他马上把梦说给阿波涛老爷爷听。老者听了赶忙把寨子里的男女老少召集起来，把布天龙显灵的消息告诉了村民。于是在阿波涛的吩咐、安排下经过大家的努力做成了一个酷似威武雄壮的老虎模样的东西。从这一天开始吃饱早饭后全寨子人都齐集到寨子后面的一棵大青树下，由16至20个男性组成舞狮队伍，3个舞狮中年男人敲响铓锣、大鼓等，青年人握着长刀、铁叉、大斧、棍棒、双钩等拥着“老虎”，妇女和娃娃随后。在一阵喧腾的锣鼓声中，魔鬼、妖精惊慌失措地逃跑，“老虎”穷追不舍，把魔鬼赶出了寨子。从此曼坝沙寨里的人和畜禽再也没有遭到魔鬼的害了，这种跳老虎头驱逐鬼怪的办法也迅速传开了，传遍了红河两岸的傣家村寨。

据说，曼坝沙寨烧变西龙、变西罕的这天正是除夕。所以，每年的这个日子，红河流域的花腰傣人家家户户都要扎“变西龙”“变西罕”拿到寨子边上一棵传统的大青树下烧毁。

猫猫舞的“猫猫”，其实是传说中猫头虎身的神异动物。猫猫舞表演主要以虎为主，虎在猫猫舞表演中作为一个英雄的形象，在傣洒人思维意识中作为驱赶疫鬼、禳灾纳吉的神灵，具有崇高的地位。虎的造型是根据真实的形象绘制的，具有凶悍、威严、勇猛的实感。虎头用凤尾竹编制，裱以白布绘制而成；虎身用一块长方形白布裁制，绘以虎斑纹，长约两米；虎尾用白布缝制，绘以虎斑纹，内塞木棉、棕衣或稻草。猫猫舞者的服装是根据民间此类人物的传说来剪裁染制的。扮男性魔鬼者穿绿色长衫，扮女性魔鬼者穿红色长衫，扮驱魔者的服装均为一般傣洒人男装。

猫猫舞的表演动作

面具是猫猫舞表演中最具吸引力的一大艺术特色，在表演中占有重要的作用。每个面具都有固定的名称，都代表着傣洒人传说中的一种神祇和鬼怪，都有一个传说故事说明来龙去脉。面具用凤尾竹编制，再裱上白布或用白纸绘制而成，代表男性的面具绘以红脸

白鼻；代表女性的面具绘以绿脸白鼻，两耳坠上圆形大耳环，头发用鬼剑草染色。制作工艺原始，线条粗犷，色彩单一，其表现手法凶悍狂傲。并运用五官的局部变形，如眉毛上扬、加粗，眼窝加深、眼球外凸、头上长角等夸张手法，以求其凶，以示奇特，以显性格，以表神秘。这种变了形、风格化，幻想可怖的形象设计，具有凝重神秘的实感，使人感到一种神秘的威力和原始、狰狞的美，恰到好处地体现了一种无畏、原始的不能用概念和语言表达的原始宗教感情、观念和思想。

猫猫舞的表演动作古朴、粗犷、原始神奇。起舞时先以鼓、镲、锣等乐器伴奏渲染气氛。接着由 2 至 4 人戴面具扮“魔鬼”，并通过躲避、逃窜等动作，来表现被驱赶的神态。由 2 至 3 人披上老虎形道具扮“老虎”，并通过打滚、跳跃、攀登、猛扑等表演形式，来表现老虎的神态和性格，表演的套路有猛虎下山、恶虎追豹、饿虎捕羊等，表现出山林之王的威严凶猛。由 2 人双手持长刀表演杂技，2 人持三叉杆表演杆叉武术，2 人持花棍演杂耍，表演的动作招式刚强有力，具有浓厚的少数民族武术特点。

花腰傣跳猫猫舞，经过民间艺人一代又一代的加工整理，至今已形成动作规范，有固定套路、有傣族特色的民间舞蹈了。每年春节前，村村寨寨的傣家民间艺人都要裱老虎头、彩绘虎皮，扎“变西龙”“变西罕”，组织猫猫舞队。在春节的三天里，跳猫猫舞。最后那天，一家拿出一捆栗柴，燃起一堆熊熊烈火，烧毁“变西龙”“变西罕”，以显示傣家人与魔鬼、妖精斗争的胜利，祈祝人丁康健、五谷丰登、六畜兴旺，并以此增添节日的热烈和欢乐的气氛。

猫猫舞的表演动作

傣乡传习馆

花腰傣民族文化传习馆，系统地展现了花腰傣的历史文化、生产生活、风俗习惯、服饰工艺、建筑风格，是研究花腰傣原生态文化的资料宝库。传习馆虽然建立的时间不长，但已经得到海内外专家、学者和企业家们的关注。

文化是人类文明发展进步的标志，是人类物质文明和精神文明的总和。红河流域的花腰傣文化，是世界傣文化中至今依然保留最古老、最完整的原生态文化。

早在三千多年前，今红河上游的新平，已有花腰傣早期先民“濮人”居住，历经千年的沧桑，在哀牢山下红河岸边一百千米的狭长河谷，孕育了具有古滇国鲜明文化特征的花腰傣民族早期文化。具有王族特征的华丽服饰，被喻为“东方情人节的花街”，古堡式的民居——土楼，奇异的婚俗，二次葬的习俗，万物有灵的原始宗教崇拜，古老的稻作农耕文明，原始的土陶制作，精美的竹编、纺织、刺绣，以及神秘的文身、染齿等习俗文化，无不闪烁着中国原生态傣文化特有的辉煌、灿烂。

为保护花腰傣优秀的传统文化遗产，为更好地起好传承、

挖掘、保护的作用，在相关部门的支持下，新平开始在花腰傣古村南碱建起第一个文化传习馆。南碱村，就是在旋涡旁边建起来的寨子。哪来的旋涡呢？寨子前边有三条河，一条是红河，一条是峨德河，一条是丫味河。因为丫味河在南碱村口直接流入红河，两股水互相作用，就形成了旋涡，所以叫南碱，全寨有 56 户 278 人。我们沿着平缓的芒果道走进南碱，有一间土木结构的土掌房，这就是南碱花腰傣文化传习馆，建于 2000 年，占地面积 400 多平方米，一楼设五个陈列室，主要展览花腰傣的劳动工具、生活用品、服饰工艺，祭祀器具和有关花腰傣的报刊、书籍、图片等。

建于 2000 年，占地面积 400 多平方米的大沐浴传习馆

古朴的传习馆，远离城市的喧嚣，没有华丽的装饰。来到这里，跃入眼帘的是花腰傣人形形色色的传统生产生活用具，犁头、镰刀、牛角勺、竹根大瓢、篾饭盒、牛角号等。抬头一看，土墙壁

上挂满各种物品，有祭神用的“达辽”、妇女挎在腰上的秧箩、河边支鱼的鱼篓、田中支黄鳝的鳝鱼笼，有傣卡女装、刺绣品、竹制小玩偶等各色物件。这些展览品都是从花腰傣人家收集来的，有的存世已少，它们富含着深厚的文化底蕴，向人们展示着原生态的花腰傣文化，讲述着古老的花腰傣故事。

花腰傣人生活在竹的天地里，竹编是他们的拿手好戏。他们把竹子划成细如金丝的篾条，薄如蝉翼的篾片，用它编织出缀满流苏缨穗的花秧箩、鸡纵斗笠、鱼篓、黄鳝笼、饭盒、篾帽等等。南碱花腰傣传习馆展览的这些竹文化，体现了花腰傣男子心灵手巧及高超的技艺。

看到传习馆里的黄鳝笼，人们可能会猜想到捕鱼用具。没错，黄鳝笼确实是傣家人的传统捕鱼工具。傣乡水资源丰富，傣家人世代种植水稻，在水田中支黄鳝笼捕捉黄鳝，是傣家妇女的一项生活技能。她们先在黄鳝笼盖口的小盒中放上蚯蚓、螺蛳肉等食物做诱饵，到了黄昏时，将鳝笼放入水田中。夜晚，黄鳝出来寻找食物，嗅到诱饵的味道，便使劲往笼子里钻，殊不知，这个笼子是只能进不能出的。第二天清晨，傣家妇女收回鳝笼、控出黄鳝，用炭火烘烤，剖腹去肠，涂上盐巴，挂起来晾干食用。干黄鳝通常是傣家人用来招待客人的佳肴。随着时代的进步，越来越多先进的捕鱼工具逐渐代替了传统的黄鳝笼，许多竹编的生产生活用具逐渐失传，传习馆里陈列的物品将成为后人了解花腰傣文化的重要凭据和历史依据。

心灵手巧的花腰傣妇女，从十一二岁就跟着阿妈、阿嫂、阿姐学习纺织和挑花绣朵，长大了便能纺织和刺绣出色彩绚丽夺目的花腰带。南碱花腰傣传习馆，完整地展出了花腰带、裙摆等一系列傣卡的绣制作品。在新平花腰傣三个支系中，要数傣卡的刺绣图案最繁多、手艺最精湛了。花腰傣妇女发

挥想象，把大自然中的花草树木、飞禽走兽，一针一线绣成鸡冠花、谷叉花、八角花、四叶草、黄鳝骨头、猫牙齿等图案。图案的结构精巧细密，色彩搭配适宜，每件刺绣品，都可称得上精美的艺术品。她们缝绣的手针以一定规律运行后，针鼻所穿带的线绳即能在面料上往复盘结，牵拉出各种装饰图案，手针不同规律的运行就形成了不同的缝绣针法。花腰傣女子手中的飞针走线精细实在，所以缝绣出的图纹充满灵性、栩栩如生。

大沐浴花腰傣文化展览馆，位于新平县漠沙坝大沐浴村，建于2007年，文化展览馆主体建筑一楼一底，土木结构，建筑面积350平方米。文化展览馆展出156种文物，并以图文并茂的形式，介绍了漠沙镇花腰傣的历史文化、生产生活、人生礼仪、服饰文化、宗教文化、歌舞乐艺术等内容，充分展示漠沙花腰傣古老的传统文化习俗，营造大沐浴花腰傣文化生态旅游村的文化氛围。

漠沙大沐浴傣意为“情人约会的地方”，是花腰傣传统花街节的发祥地，这里有全省最大的槟榔种植园。村寨掩映在槟榔、芒果、荔枝和翠竹之中，滔滔南流的漠沙江、古朴典雅的傣家土楼、景色迷人的槟榔林和秀丽的田野风光展示着花腰傣独特的自然景观。

大沐浴花腰傣文化传习馆划分为图文展示区、现场演示图文展示区、图文实物及电子影像展示区。现场演示图文展示区设在一楼的四

南碱傣乡传习馆外景

间“作坊”内，在作坊里，傣雅卜少为游客们展示纺织挑绣的全过程。从这些原生态的纺织器械和纺织过程中，人们可联想到花腰傣人经天纬地的原生态古老纺织和刺绣技艺，应是我国纺织技术的发端之一。

二楼是整个传习馆的主展区。以图文实物的形式，按照漠沙镇自然地理及花腰傣历史文化发展的时间顺序，展示了年代上亿年的螺蛳化石、西汉时期的青铜器、曼勒古城遗址、当年阳门的遗物、菱形石墩、方形石基；展示了原始宗教的相关祭奠用品及法器，如雅摩手铃、雅摩手鼓、雅摩扇；展示了农耕文明的镰刀、铁锄、采谷种手刀；展示了傣雅、傣卡、傣洒三个不同支系女子盛装的服饰文化；展示了精湛工艺的银耳环、银手镯、银戒指、秧箩、鸡纵斗笠等等。从这些实物里，人们不难看出，历史赋予了花腰傣人许多文化内涵。

古朴自然、高贵典雅、简洁明丽是大沐浴传习馆文化氛围的特点。从展室的装饰材料、装图片的框、展示实物的柜等，充分利用花腰傣原生态文化元素，从空间到平面精巧布置，加之现代电子技术及光影投射，使各展示区达到自然古朴、高雅富贵、明丽简洁的效果。

悬挂在传习馆木柱上的秧箩，既是花腰傣妇女随身携带的饰物，又是实用盛具。妇女们跨出门槛，都要带上自己心爱的秧箩，里面装上针线活计、小木梳、小圆镜、晌午饭、日用品、水果、糕点、槟榔果等等。傣家人说，小小秧箩是妇女们的“百宝箩”。特别是那些妙龄小卜少，还在秧箩边系上七色丝线和彩带。在节日喜庆和社交活动中，花秧箩为少女们的俏丽身姿添彩。

传习馆里展示的花腰傣盛装是女孩成人后在母亲精心指导下完成的。盛装不仅做工很精细，银饰用得也很多。傣雅妇女的盛装，腰部都系着一条精美华丽、绚丽斑斓的彩带，

每天总有不少远道来参观传习馆的游客

宛如彩虹缠纤腰，显出花腰傣女儿的婀娜身姿、绰约风韵，袖口镶以红、绿、黄、蓝、紫等色绸缎。裙摆绣五色花边，裙子都是叠穿，穿时将裙头一层层提高，同时将裙子从左侧微微上提，使裙身形成斜面，名叫“三叠水”。露出的花边像是波浪起伏的江河、溪流，那是象征奔腾澎湃的红河。傣卡女装则更为花俏，上背都是用多种色条镶成，裙摆的挑绣似蓝天上绚丽的彩虹。

花腰傣女装大量使用白银装饰。内褂前胸、罩衣沿边、腰后面系着的三角巾都缀小银泡。据说，秦汉时期，傣族先民就有自己的银匠和制作银器的作坊。元明时期，银饰制作在花腰傣中十分兴盛，“摩银”（银匠）是最受尊敬的能人之一，他们打制的银手镯、银手链、银耳环、银芝麻铃、银指套、银泡等饰品，在大沐浴传习馆均有展出。

花腰傣传习馆已成为研究花腰傣原生态文化的资料宝库，虽然建立的时间不长，已经得到海内外专家、学者和企业家们的关注。这里曾接待过日本、美国的博士，著名作家张笑天来到这里后，挥毫写下“哀牢之花”四个大字，著名小说家阿来、彭荆风、陈世旭也在传习馆留下了墨宝。著名剧作家、评论家齐致翔教授看了展览后，感慨万千，即兴提笔写道：“兼美传统时尚，融通外表心灵，至此方知花腰妖，功莫大焉传习馆。”有一位联合国教科文卫组织的官员考察花腰傣传习馆后感叹道：“这是世界性的珍贵遗产，它是中国的，也是世界的！”让大家珍惜这份宝贵的财富，让花腰傣这一人类文化瑰宝永放光芒。

水的记忆

水是生命之源、生活之本。水是花腰傣的魂、花腰傣的梦，花腰傣村寨因水而富饶，花腰傣人因水而美丽。花腰傣人对水怀有真挚、深刻与特殊的感情，并形成了丰富多彩的水文化。

水是生命之源、生活之本；水是花腰傣的魂、花腰傣的梦，花腰傣村寨因水而富饶，花腰傣人因水而美丽。傣家村寨周围，都是碧水汪汪的田园，傣家人长年在水中劳作。他们用竹筒搭成槽，引来清泉，洗衣做饭。这些早已消失在记忆里的东西在花腰傣村寨随处可见，简单而古老却风情万种地展示着花腰傣人的智慧。

花腰傣居住的红河上域，有十里河、棉花河、南恩河等众多河流，江河相连，有着丰富的鱼类资源。每当开春，鱼上了水，在村寨附近的溪流边、水田里、水沟边，时常能看到男女老少卷起裤脚、撸起筒裙下水摸鱼的场景。摸到多少鱼，要看各人的技能。会摸鱼的人，能辨认各种鱼的藏身之处，通晓各种鱼的反映器官，根据鱼儿在水中的动静判断鱼的种类、大小。下水时轻手轻脚，动作非常敏捷，鱼正想逃

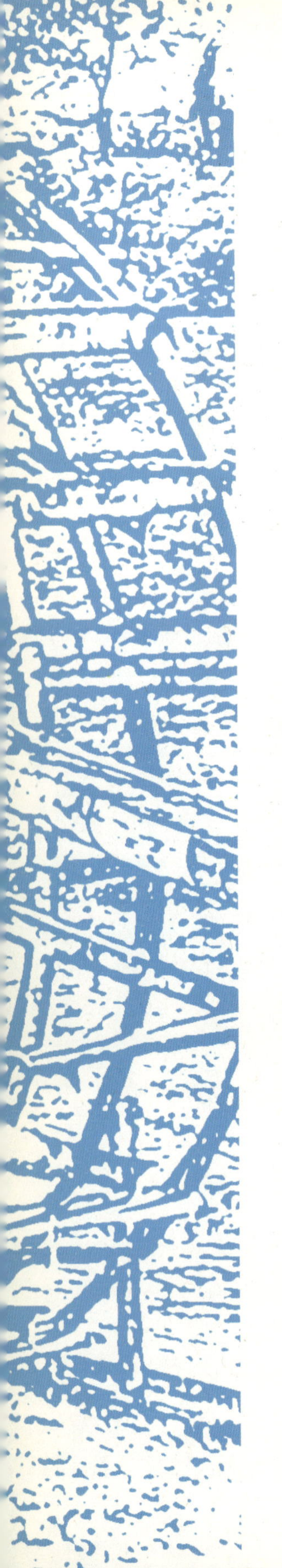

走时，就被张开的十指抓住。雨季，傣家男子干完田地里的活后，身背鱼篓、肩扛渔网，到江河追渔、撒网。待渔网沉入江河底罩盖住鱼后，慢慢收拉渔网，将网提出水面，收取到的是一群活蹦乱跳的鱼儿，有鲤鱼、鲫鱼 、红尾巴鱼、面瓜鱼。有时家里来了客人，为添一道下酒菜，主人也会悄悄提上渔网到江里撒上几网，一会儿工夫，一道鲜美可口、热气腾腾的菜肴便摆到饭桌上了。面瓜鱼肉嫩软，味道比海参还美，是红河中上游水中的一宝。一时吃不完的鲤鱼、鲫鱼，就加工为腌鱼肉。方法是把剖腹、洗净的鱼肉切成块，把糯米炒至焦黄。从锅中倒入盛鱼肉的盆内，撒上适量的盐巴、白酒，盖严，再将辣椒面、草果面、茴香籽面一同搓揉、拌匀，待鱼肉块浸透佐料后，放入瓦罐中腌制，三个月后腌渍成熟，即可食用，可生吃，也可蒸吃。腌鱼肉鲜红、味美，酸辣可口，是招待客人的最好佳肴。

水与花腰傣人的日常生活息息相关。“江水涨，傣家忙。”每到发洪水的季节，山中的枯木、树桩、柴火一棵棵地被冲进江里，顺江漂流而下。此时，居住在下游的傣家人，一看见枯木、树桩等漂荡下来，就看准目标，抛出手中拴有铁钩的绳索，一下子就勾住漂浮的柴火，然后将柴火缓缓拖上岸来。这时，江边或者河边站满了男女老幼，形成捞柴的一道奇观，妇女负责把捞到的柴火堆好、码齐，稍大点的孩子帮助父母捞柴、抱柴，年龄小的孩子则在一旁观望。每当看到柴火由远及近漂来时，小孩子们就开始欢呼雀跃。当然，他们的父亲也有失手的时候，不能及时锁定目标，绳索未能套住物体。此时，父亲们就发挥熟悉水性的本领，蹚过齐腰深的洪水，紧紧抱住柴禾，顺势漂到水流平缓的地方，再把柴火拖上岸。有时，一天可以打捞到三四立方木柴。可以说，居住在红河边的傣家人一年用的木柴都是靠滔滔江水送来的。

居住在红河岸边的花腰傣人，由于气候炎热，沐浴就成为每天的必修课，并逐渐形成了沐浴文化。每天劳作归来，傣族男女都会到河里、水槽下洗澡。根据风俗，男子们在河的上游洗澡，而女子们则只能在河的下游洗浴，这是傣家人一天中最快乐的时光。河面上映射着

灿烂的阳光，河水碧波荡漾，人们一边洗浴，一边嬉戏，相互泼洒着水花。泡在水里，人们洗去了一天的辛劳，尽情地享受着悠闲的时光。这个时候也是人们传播新闻、相互交流情感的最佳时机。时至今日，戛洒“沐浴节”已成为新平的一大节日。在宽广无垠的沙滩上，有一个近十亩大的聚水池，内有喷泉不断地喷出清水，这就是戛洒花腰傣沐浴节的活动中心。看到花腰傣卜少、卜冒们赴水洗浴、泼水、戏水，游客也纷纷涌入清池，加入到泼水、戏水的活动中去。整个大池充满了笑声、水声、惊呼声。在这炎热的盛夏，清凉的哀牢山之水就是降服热浪的甘露。

水与花腰傣的生产生活有着不解之缘。水碓是花腰傣人不可缺少的生产工具之一，是花腰傣人利用平衡原理制作的木质粮食加工工具。利用水为动力，每个碓用柱子架起一根木杆，杆的一端装一块圆锥形石头。下面的石臼里放上准备加工的谷物。流水冲击水轮，使它转动，轴上的拨板臼拨动碓杆的梢，使碓头一起一落地舂米。每个花腰傣家庭都有一间茅草铺建的水碓房，或建于树旁，或建于箐沟边。利用水碓，节省了大量的劳力；利用水碓，可以日夜加工粮食。早晨倒进碓窝的谷物，傍晚便成了白米；傍晚倒进碓窝的谷物，第二天早晨也成了白米。用舂好的新米做饭，松软，喷香可口。

花腰傣人在建有水磨的河道边开渠引水，使水形成落差，然后在渠的下方跨渠建成磨坊，水磨靠渠水为动力，带动木轮引擎石磨不停运转。每年的春节前后，水磨坊里忙碌着许多花腰傣人，他们将收割回来的甘蔗，经过水磨切碎、碾压，榨出甘蔗汁。用桶把汁倒进锅里，加热后捞掉浮渣，蒸发水分，熬浓后用瓦盆舀起来搅拌，搅稀后倒进垫了树叶的碗里。放凉后，倒出来用树叶包好，两碗的糖块合为一盒。熬糖的时候，蔗糖香味四处飘逸，整个村庄沉浸在甜蜜之中。

水的记忆——水磨

花腰傣人崇尚自然、信奉万物，对万物之源的水，怀着

崇高的敬意，用傣语称水神为“匹喃”，意为精灵，不得冒犯。每年大年初一凌晨，男人们便挑起水桶，手持点燃的香火，到寨中取水口抢挑新水，把家中的水缸挑满。谁第一个抢挑到新水，新的一年中那一家人就最吉利。

古往今来，花腰傣先民对村落的选址是十分考究的。人们在选址时，首先考虑的是周围的自然环境因素，村边溪流潺潺，或门前江水滔滔，或屋后绿树成荫。那些枝叶茂密的万年青树、攀枝花树和果实累累的芒果树、酸角树、荔枝树，把整个花腰傣村庄融于绿林荫翁、溪水潺潺的美景之中。

水让花腰傣的婚俗变得别具特色。婚宴开始，伴郎要乘机为新

娘家挑水，水缸不满，新娘就不能接走。伴郎挑水并非易事，沿途常遇到村中小伙子们逗趣，他们往水桶里丢石块或树叶，故意弄脏清水。因此任凭伴郎们反复挑水，终难使清水挑进新娘家门。最后，伴郎只好脱下洁净的衣服蒙住水桶，经过百般努力，才把新娘家的水缸挑满。这时，新娘家方肯搬出嫁妆，为新娘送行。

❶ 水的记忆——退役的石磨

❷ 水的记忆——水碾

滇中第一锅——戛洒汤锅

戛洒汤锅是戛洒一张靓丽的美食名片，历史悠久，其烹制方式独树一帜，有“滇中第一锅”的美誉。

到戛洒，如果你要品尝花腰傣美食，当首选戛洒牛肉汤锅。这是名声远扬、名副其实的“滇中第一锅”。

戛洒是花腰傣之乡，位于新平哀牢山脚下红河岸边的一个重镇。傣语中“戛洒”意为“沙滩上的街子”。据史料记载，自古，戛洒为迤西茶马古道交通关口，是商贸交易、交通往来的重镇。几百年来，在边贸的频繁交流中，在赶马哥的热切期盼中，这里上演了独具地方特色的汤锅传奇。

汤锅的来历扑朔迷离。相传久远的时候，戛洒有队运盐的牛帮在翻越哀牢山密林时，一头黄牛不慎翻下山崖摔死了。那牛又大又肥，肉难以带回去，幸好他们带了一口大铁锅，众人便搬来三块锅庄石，把铁锅支上，把整头牛的头脚、内脏、骨肉等都放在大锅里，并直接用山里的水来煮。他们虽然都是出远门的人，但是谁也没吃过那么好吃的牛肉，后来

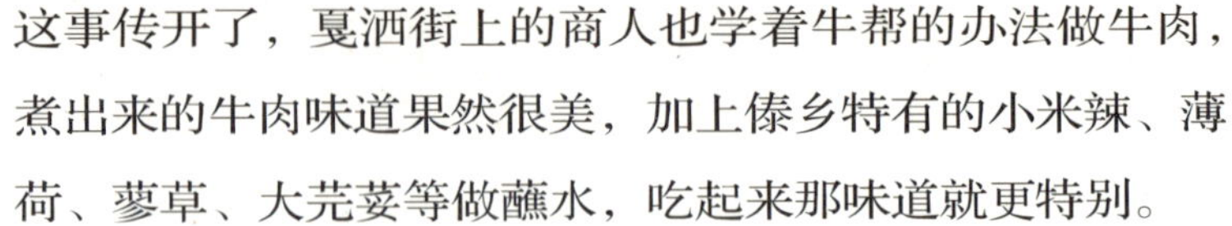

这事传开了，戛洒街上的商人也学着牛帮的办法做牛肉，煮出来的牛肉味道果然很美，加上傣乡特有的小米辣、薄荷、蓼草、大芫荽等做蘸水，吃起来那味道就更特别。

汤锅市场开始是在江边的沙滩上用三脚架支起经营。后来，随着经济发展，商业的不断繁荣，建起了戛洒汤锅市场。每年都要举办汤锅节，一次吃客能容纳上千人，渐渐发展成为花腰傣的一个美食品牌，并赢得了“滇中第一锅”的美誉。

戛洒汤锅的烹制方式非常讲究、别具一格。肉全是生态放养的黄牛肉。把牛肉、牛肚、牛筋、牛肠、牛心、牛肝、牛脚一齐放入一大锅清水中，用大火煮熟，然后捞出来切碎，配上蘸水即可食用。可不能小看戛洒汤锅，吃起来很有学问。首先就得挑选，游客们要走到煮汤锅的大铁锅旁边，用一根削尖了的木棍自己选，看中哪一块就选哪一块，喜欢吃肉就选肉，喜欢吃内脏就选内脏，选好以后摊主再称了卖给大家。汤锅根据牛身上部位的不同而价格不一样，如心、肝、肠、肚等内脏鲜嫩、味美，一般价钱就比较贵一点，而头、肋骨等部位价格就便宜一点。虽然挑选的全是一个锅里的牛肉，但是上了桌以后却有十多样不同的种类。一头牛身上所有的部位几乎都在桌上，再配上傣家人特制的蘸水，不用说，只要闻一闻就垂涎三尺。如果单吃汤锅不行，还可配上干黄鳝、腌鸭蛋等傣家风味菜，满桌是味齐色美、原汁原味的佳肴，让人尝到了花腰傣的鲜。

汤锅在云南许多地方都有卖，但是戛洒汤锅为何这么有名呢？这是因为它自身的独特性。而且一旦换了地方，就煮不出这种味道。有人把戛洒汤锅的烹制方法、蘸水配料带到昆明、玉溪去煮，味道和原地煮的“汤”味道相差甚远。其主要原因是跟哀牢山良好的自然环境和生

❶ 够辣、够味、够美

❷ 大块煮，现吃现切

态放养的黄牛肉质等有关。戛洒镇上的水是从哀牢山流下来的山泉水，含有丰富的矿物质，如人体所需的铁、钾、钛等，水质清丽、甘甜，煮出来的汤锅当然也就美味。

如今，花腰傣抓住商机，利用每年十一黄金周，精心策划举办“花腰傣汤锅美食节”，招徕了更多远方的客人，让世间更多的宾客大饱口福，让“戛洒汤锅”名扬四海。

酸辣腌鲊傣家味

花腰傣虽然没有文字，可他们学会了用另外一种方式——饮食，来记录下自己的喜怒哀乐。

花腰傣有句谚语：凡动都是肉，凡绿皆是菜，凡花即可食……他们的生态饮食观是“百花百茎皆是菜”，他们喜酸、生、冷、杂，自然界的草、叶、花、果，鸟、鱼、虫、蛹，都是他们的桌上美肴、餐中珍品。

花腰傣一日三餐的主食为米饭，中午一般都吃粳米的冷饭。经常食用的蔬菜，特别是鲜花、绿叶不下60种。肉食以猪肉为主，喜食狗肉、牛肉、鸡肉、鸭肉、鹅肉、鱼肉。牛肉汤锅和狗肉汤锅历史悠久，色香味美；肉制佳肴中腌猪肉、腌鱼肉、干黄鳝等都是当地的特色食品。

最多情的菜：秧箩饭。每年的正月十三，花腰傣的少男少女们都要去赶“花街”，在这一天，他们要完成一项人生最重大的决定——花街节吃“秧箩饭”定情。这一天，傣家少女用精心编制的秧箩装上干黄鳝、腌鸭蛋、糯米饭，穿上色彩绚丽的服饰来到花街

上寻找自己心爱的人。“秧箩饭”的制作看似简单，实则煞费苦心。“秧箩饭”要好吃，选料最关键，黄鳝是自己下河抓的，鸭蛋是自家鸭子下的，糯米也是自家田里种的，傣家人始终坚持着自然、生态的生活方式。

每年的花街节，芭蕉树下、槟榔林里，葫芦丝的弦乐悠扬地飘荡在红河谷的上空，美丽的小卜少温柔地喂着自己心爱的男人一口一口吃着秧箩饭，成了一道最美丽的风景。

最刺激的菜：傣家腌菜。花腰傣的腌菜有腌猪、牛、鸡、鹅、雀、鱼等动物，植物有腌竹笋、树头菜、羊奶菜、芋头根、藏菜等，腌蔬菜有青菜、萝卜、韭菜等，腌瓜果有黄瓜、香瓜、青芒果等。腌猪肉有两种，一是腌块肉，一是腌小片肉。腌块肉：将肥猪的后腿瘦肉去皮切成10厘米左右长、8厘米左右宽、5厘米左右厚的肉块，用盐巴水浸渍12个小时左右，待盐分透入肉块后滤去盐水，晾至半干备用。把糯米炒至焦黄，从锅中倒入盆内，撒上适量白酒盖严，使其膨胀备用。再将红辣椒面、草果面、茴香籽面同炒过的糯米拌匀，倒入盆里的肉块中搓揉，使肉块浸透以上佐料，一并放入瓦罐中腌制。一年之内经酵母菌发酵腌渍成熟，既可生吃，也可蒸吃。其特点是鲜红、味美、酸爽，是吃饭、下酒的最好佳肴。

腌鸭蛋。将鲜鸭蛋洗净装入有盐水的罐中，腌上半年后，取出切开即可食用。腌鸭蛋其味香咸，是花腰傣招待宾客的必备佳肴。

腌青芒果。青杧果长到一市两时，摘下削去青皮，剖开取出内核，洗去浆汁，用盐渍透，加上辣子面，一并倒入瓦罐中腌渍，一个月后可取出食用。其特点是白中带红，味酸消暑，在炎热的夏天下田干活，带在身边食用，可防中暑，增补人体养分，解除疲劳。那个酸、那个辣直刺你的神经。

❶ 手撕干巴

❷ 腌肉

最甜蜜的菜：竜粑。花腰傣人喜食糯米，他们能用糯米做出花样翻新、味美可口的食品。其中竜粑是最为盛行的一种。将糯米放在清水中浸泡两个小时，待糯米泡醒后，捞起除去水分，磨成米面，要吃甜的就加入糖水，合成面稀；要吃咸的就在面上撒上少许精盐、草果面，抹上猪油，加入腊肉片，用芭蕉叶包好，置于甑子上蒸熟即成，便可食用。竜粑味美，甜润适口，香味醇郁，回味无穷，食后难忘。

最避邪的菜：狗肉。花腰傣人喜欢吃狗肉，有其传说。古时候花腰傣人就将野狗驯化为家狗，让它帮人看家。妖魔看到人对狗这般亲近，就变成一只小狗跑到一个花腰傣人家里让这家人收养，这个妖魔长大后在寨子里夜间偷吃家畜、家禽，还上山引来妖魔鬼怪作恶。人们发现了它的真面目，就把它杀死，将它的血涂在寨子的围墙上，画上家禽、家畜模样，引来妖魔鬼怪进行打击。经过多次诱骗打击，妖魔鬼怪再也不敢到寨子里作恶了，人们才得到了安定。由于人们多次杀狗都将狗肉拌上毒药投喂妖魔鬼怪感到可惜，其中有一个胆子大的人认为每只狗不会都是妖怪，就试着煮吃，吃后感到同其他动物肉没有什么区别，就开始兴起了吃狗肉。从养小狗长大变成妖怪的教训里，傣家人感觉到狗不能养得时间太长、养得太大，大了会害人，所以，花腰傣人的狗只养到两年就杀吃了，这就是花腰傣人吃狗肉的由来。凡有家宴庆喜，花腰傣人都要杀狗，一是狗肉鲜嫩好吃，二杀吃狗肉可避邪，如果宴席上没有狗肉这道菜，客人还会笑话说这家主人不会当家。

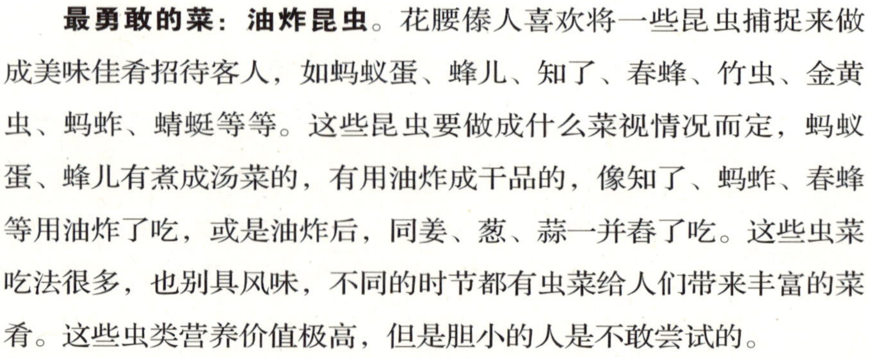

最勇敢的菜：油炸昆虫。花腰傣人喜欢将一些昆虫捕捉来做成美味佳肴招待客人，如蚂蚁蛋、蜂儿、知了、春蜂、竹虫、金黄虫、蚂蚱、蜻蜓等等。这些昆虫要做成什么菜视情况而定，蚂蚁蛋、蜂儿有煮成汤菜的，有用油炸成干品的，像知了、蚂蚱、春蜂等用油炸了吃，或是油炸后，同姜、葱、蒜一并舂了吃。这些虫菜吃法很多，也别具风味，不同的时节都有虫菜给人们带来丰富的菜肴。这些虫类营养价值极高，但是胆小的人是不敢尝试的。

傣家长桌宴

最美丽的菜：炒鲜花。花腰傣人喜欢把春天开的攀枝花、虾花、小雀花、杜鹃花，夏天开的老鸹花，秋天开的酸角花，冬天开的棠梨花、苦刺花等等，将其采来用开水煮后，泡去苦涩味，或煮吃，或炒吃，别具风味，傣家人可以办鲜花全席。

此外，还有一些菜也很有特色。煮四叶菜：锅中放盐炒至黄，放入番茄炒出酸汤，倒入清水烧涨，如酸味不够，再放酸角水，后放入四叶菜，翻搅两次便熟，出锅装碗时放入

姜、蒜泥和辣椒面，便可食用，味道鲜美。石蚌煮甜菜：锅里先放适量的精盐炒黄，闻到盐味后再放入猪油，后倒入石蚌炒至八成熟，倒入清水煮沸，之后将洗净的甜菜放入锅汤翻滚三次，撒入胡椒面便可出锅，盛入大碗中即可上桌。此菜青绿分明，蛋白质和维生素不受破坏，食用时有菜香、汤甜的感觉。还有煮蚂蚁蛋酸汤菜，清香味美，食之开胃。

最出名的菜——新平腌菜。在众多的家乡风味中，腌菜一直是新平人思乡情怀的主角。腌菜既能当菜，又是佐料，无须太多，却是主食的最佳陪伴。瓶瓶罐罐里盛满了酸甜爽口的腌菜，也支撑起了一家人的生活，腌菜的酸甜苦辣浸泡着人生百味。

有腌菜罐子，家才有了家的气息，舀上一碗香喷喷的白米饭，就上几根酸腌菜，酸辣爽口的滋味让人欲罢不能、食量大增。腌菜本身既是美味，又是制作美食的重要佐料。孩子们最喜爱的菜肴非腌菜炒肉莫属。切碎的腌菜，加猪肉、牛肉均可，大火爆炒，制作简单，风味独特，挑食的孩子有了这道菜，往往也能吃上一大碗。过年过节，或有客来的时候，主妇们往往要拿出看家本领制作一道

傣家谚语：干黄鳝、糯米饭、腌鸭蛋，二两小酒赛神仙

大菜方显隆重，这个时候主妇们一般都会选择做酸菜鱼。以老坛腌菜为配料，加上鲜红的辣椒，用汤汁逼出香辣的气息，不仅让鱼肉更加细腻，也让汤汁鲜香倍增。在热辣的气氛中，宾主吃得酣畅淋漓、意犹未尽。

腌菜有发水腌菜和老坛腌菜。发水腌菜一般应选最鲜嫩饱满的蔬菜，青菜、小油菜、黄瓜、萝卜、竹笋皆可用来腌制。腌制前，洗干净，晾在屋檐下，轻微脱水。盐和辣椒按一定比例混合，怎么搭配就是个人的技艺，不同的搭配产生的是不同的味道。发水腌菜腌制时间较短，十几天就可以吃了，是佐餐、小炒的上好配料。不过真正代表新平腌菜的还是老坛腌菜。制作老坛腌菜要选养得十分成熟的蔬菜。每年岁末，腌腌菜是一家人的大事。挑个晴朗的日子，在自家地里采回特意留下来腌制的青菜、韭菜，全家总动员，择好、洗好，在烈日下晒个半干。晒，也是腌腌菜的重要程序，要是碰上阴雨天，晒得不够，腌出来的味道就要大打折扣。

晒得半干的蔬菜加上盐稍稍腌渍，脱过水后再加上本地自产的辣椒、红糖及各种配料和着阳光的味道一起放进早已清洗好的陶罐里。放进的是辛勤劳作，却更是对美味的期盼。要成就一坛好的腌菜，需要较长的时间，乳酸菌经过充分发酵，分解了亚硝酸盐，使得腌菜色泽金黄，鲜、香、脆、嫩集于一身，醇正的酱香伴着微甜，一小碟就能让人食欲大开。

和云南众多地区的腌菜比起来，新平腌菜显得更为浓郁飘香，还有更值得称道的就是新平腌菜的劲道和鲜脆。腌菜已经深深地渗透到新平人的饮食生活之中，早点、小吃、正餐、夜宵……只要有饭桌的地方，就会有腌菜。新平人对腌菜的热爱，使得新平腌菜不断推陈出新、品种更加丰富，对腌制技艺的传承和发扬，成就了新平腌菜的独特品质。

❶ 新平腌菜名声远扬

❷ 好的青菜才会腌出好的腌菜

新平地处哀牢山主峰，阳光充足、土质肥美，可食用植物颇多，百花百茎皆可为菜，更可腌制。在新平，不但蔬菜

用来做腌菜，山茅野菜也可腌制，尤为稀奇的还有各种鲜花和野花做成的腌菜，不但有苦刺花、老百花，竟然还有茉莉花。一朵朵白色的花蕾鲜香脆嫩，配上红色的辣椒，鲜艳欲滴，一尝，味道可真是特别，不但有茉莉花特有的清香，还酸甜脆嫩，食之唇齿生津，其酸辣之味直达五脏六腑，真是遍体清爽、胃口大开，可谓腌菜中的极品。

新平腌菜在储藏上也有要求，酱菜厂的腌菜一般要放在低于地面四五米的发酵池里发酵，因为只有经过低温慢慢发酵的腌菜才更加脆嫩爽口。特制的储藏环境让乳酸菌发酵出了特别的风味，正因为经过严格的选料和精制的加工才使新平腌菜有了独特的风味。

腌菜就这样一代一代流传了下来，多少年的光阴过去了，而腌菜的配料和风味却基本没变。经过了时间检验的新平腌菜飘着浓烈的酱香，映照着时光的变迁，凝聚着新平人浓浓的思乡之情。

随着时代的变迁，新平腌菜也从原来的家庭自产自销发展成了一个新兴产业。申报了国家QS食品质量安全许可认证，把几十个系列品种的腌菜进行包装，开发了礼盒系列，并注册了商标。通过精致包装的酸腌菜保质期可达12个月，大大方便了顾客购买、携带、保存和食用。就这样，新平腌菜从本地市场上零星销售走向了各地大小超市、走向了广阔的大市场。

神秘哀牢

茶盐古道遗事

走进茶马古道，探寻身边的历史，感悟自然山林和历史遗迹，感受生命与自然和谐之美，倾听滇中茶马古道诉说历史的回响，述说往日的风景。

莽莽哀牢山，历史悠久，寻觅哀牢，总有着和它年龄相仿的踪迹，尤其是那些承载岁月的古道，饱受了岁月的洗礼，却始终以淡定的姿态横亘在哀牢。它，不张扬不索取，只管和历史遥遥感应着，默默地隐居在滇陲的一隅。曾经的川流不息，曾经的马蹄阵阵，千百年之后，滇中茶盐古道就像一位历经寒暑、饱经沧桑的老人，默默地守望在大山深处，静看时间悄然流逝，淡看花开叶落，在日月的守望中，委婉地倾诉那些知名或不知名的记忆……

提起古道，或许你会想到风景如画的哀牢，铃声阵阵的马帮，满脸风尘的马锅头，途中歇脚的小店，倚窗望春的女子，纵情山水的游者……那些在红尘中与夕阳一起渐行渐远的模糊背影总是与茶马古道交织在一起。走进茶马古道，探寻我们身边的历史，用心灵去感悟山林和遗迹，站在寂静的古道上，倾听那些被马蹄磨滑了的青石和残垣废墟的喃喃

❶ 茶马古道马帮来

❷ 马帮汉子

细语。

新平境内的哀牢山茶盐古道始于与镇沅县交界处的金山垭口，绵延于十里河与万顷原始森林中，是古时云南三大通道之一“迤南大道”的咽喉要道，也是迤南大道中最为艰险的一段。迤南大道始于唐，繁于明，盛于清，延于民国，衰于新中国之初，历经一千三百多年的历史。它始于昆明，通往老挝、泰国等地，是滇中南内接中原，外出老挝、缅甸、泰国重要的通道，也是内地汉族地区与边疆少数民族地区经济往来的通道。

哀牢山茶盐古道是一个生物多样性、多种珍稀植物集中的生态区，至今仍保留着原始古老的风貌。步入其间，随处可见高大、古老长满苔藓的阔叶林，藤萝缠缠绕绕于形状奇特的林木之上，宛如缠绵的情人，树下林里遍布各种野草和野花，四季皆有花、叶可观。春来树木抽出五色嫩叶犹如一幅立体油画，夏至繁花似锦随着山峦起伏伸向远方，秋天斑斓丰厚的色彩仿佛美丽的童话，冬日暖

阳轻拂令人惬意无比。

绵延哀牢山原始森林的茶盐古道，青石、河石、砂石横亘其间，这些不规整的石块铺砌成了人走马踏之路。从随处可见“马踏石穿”的马蹄窝里和经年行走光滑的青石板上，我们可以看到千百年来这里马帮成群、行客如云、马铃声声、人声阵阵的滇南大通道的繁华。

提起古道上的繁华，不得不忆起古道中的驿站——千家寨。顾名思义，千家寨里聚集的人有逃荒而来的手艺人、充军的散兵游勇、投机的商人、糊口的小贩，甚至还有狱中的逃犯和被拐的女子，他们在这里开酒肆、客栈、马店、烟馆、妓院、铁匠铺、赌场等，为过往客商提供各种服务，成就了古道的繁华。数百匹骡马每天都从古道经过，南来北往的客商、马帮都在千家寨歇脚，鱼龙混杂的千家寨生意鼎盛，尤其是妓院里软语莺啼的女子更是吸引了常年在外的客商和马

锅头。相传妓院里有一位逃难而来的美貌女子恋上行走在古道上的马锅头，苦苦相恋不得其果郁郁而终的故事，更给千家寨蒙上一层浪漫而神秘的面纱。“骡马挤翻马槽、美酒醉倒马帮、脂粉染红十里河水、打铁声惊走山中鸟”是千家寨繁华的写照。

谜一样的千家寨消失了，遗址却还依稀可见。饱经沧桑的残垣断壁上长满杂草灌木，宽敞的马店爬满青藤，石块砌的残墙倒塌在林间水旁……不由你在此间驻足留恋，思古人之情怀，叹先祖之坚韧，忆古幽情漾上心头。深吸一口充满林香的空气，不经意抬头一瞥，一簇簇或红或紫或白的花正开在林间、树梢、路旁，静静地绽开饱满的花朵，仿佛在倾诉千家寨的万般故事。

离千家寨不远处尚存两个被藤蔓包裹的炼铁炉遗址。据记载，清同治年间十里河有人开矿炼铁，清光绪年间李润之的父亲李国保开办铁厂，建土高炉炼铁。1958 年大炼钢铁，两万余人在此伐木烧炭、筑炉炼铁，寂静的茶马古道上变得热闹非凡。跌跌宕宕几经起落，铁厂停产了，十里河沉寂了，古道绝迹了，昔日的马锅头也带着他们甜蜜或辛酸的故事逝去了。

忆起古道，不得不提新平人称之为“三老爹”的李润之。他集官商匪于一身，依托古道，组建马帮，收取外地客商和马帮的保护费等手段大肆敛财，使近乎衰败的陇西李氏宗族在民国时期达到了鼎盛。今天，仍有后人在津津乐道李润之马帮的逸事：李润之开富昌隆商号，拥有骡马两百余匹驮运货物，明里经营食盐，暗里贩卖大烟，来往于缅甸、泰国等东南亚国家和内地。富昌隆马帮声势浩大，首尾骡子驮上插有“新平富昌隆”字样的三角旗，每押运货物，浩浩荡荡，威风凛凛。强人见之，都退避三舍。

遥想茶马古道上行走的马帮，日复一日，年复一年，孤独而执着地行走在这条古道上，每踏上一次征程，就是一次生与死的体验之旅，他们凭借自己的勇敢和智慧，用心血和汗水浇灌了一条人生之路。

如今，茶盐古道上成群结队的马帮身影不见了，清脆悠扬的铃

❶ 茶马古道
❷ 哀牢山马帮行
❸ 哀牢山马帮房

声远去了，飘来的茶香也消散了。然而，留印在茶马古道上的先人足迹和马蹄烙印，以及对远古千丝万缕的记忆，却幻化成一种崇高的民族精神，生生不息。伴随茶盐古道而生的马帮文化、商贸文化、民族文化却流传至今……

陇西庄园秘史

白虎长啸，幽林庄园，深藏一段秘史；陇西史事，世族兴亡，讲述一个土司的成败；风起云涌，乱云飞渡，楼兰依旧说古今…

坐落于哀牢山密林中的庄园，它鹤立鸡群地耸立在哀牢之巅，给人一种神秘感。这座古堡式的庄园，便是显赫一时的土司李氏家族的宅第——陇西世族庄园。

庄主李有富（字润之），生于清光绪十二年（1886 年）秋，新平戛洒大平掌村人，祖籍甘肃陇西。始祖李尚忠明朝初年宦游来滇，落籍新平。高祖李毓芳，清乾隆年间，率团于江外平乱有功被皇帝封为世袭“云骑尉”。清同治初年，其父李国宝当官经商，颇有积蓄，于同治十三年（1874 年），购置戛洒东关岭山场房屋。李有富排行老三，为人乖巧、聪颖，深得李国宝赏识而成为李氏家族的掌权人。李有富年轻时曾混迹帮会，培植起自己的势力并拉起队伍，后得官方赏识委其为戛洒第六团团总。此间，他凭实力游弋黑白两道，从白道，他经商贩盐，经营珠宝；黑道，他涉入江湖，纵横古道黑吃黑，烧杀抢掠无恶不作。如此一来，使陇西李氏家族逐步走向暴富。

哀牢暮色中，高大的庄园都在夜幕里静默着。它尖顶的欧式大门、高大的山墙，还有那飞檐瓦廊及园子里的亭台楼阁，都组成黄昏下的剪影。与险象环生的白虎山相映衬，这夜色下的庄园，似乎在诉说着它那远古的故事……李有富虽说识字不多，但他做事颇有心计，他率自家兵丁千余人，投到龙云麾下，凭着作战勇猛，升到云南陆军少将团长。

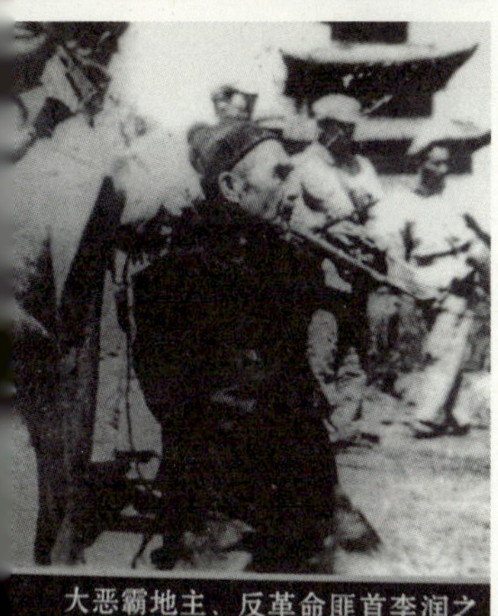

陇西氏族庄园始建于1938年冬，1943年春天竣工。庄园采用欧洲中世纪的建筑风格。尖顶的欧式大门，高大坚厚的外墙，墙上四周有枪眼，具有很强的防御功能。这深山老林里耸立着一座欧式的古堡建筑本来就不寻常，所以，光临此地的客商，心怀无数疑问，都想对庄园做一番了解。陇西庄园选址考究，西靠白虎山白虎崖，门朝东鸟瞰戛洒坝红河谷，使庄园形成西依山险、东控平川之势。整座庄园结构紧凑、功能齐全。庄园布局为门前广场、前院、中院、后院、大堂等五个部分。进入庄园只见它依山借势层层深入，“三院一堂”风格各异。其后堂大院奇花异木散发幽香，门栏画阁满壁书画，一派书香人家气息；院内春色四溢，阵阵馨香沁人心脾，呈现庄园的高雅、幽静。园内装饰：从走马串角楼，到院内园林布置，雕刻绘画都具有浓厚的中国古典传统文化氛围。从大门拱顶、柱础石雕，直至大堂内的六扇镏金屏门浮雕，其精雕细琢之功力，让人看了无不惊叹。其园内浮雕有“唐僧师徒取经图”“蛟龙腾海图”“鹬蚌相争图”“仙鹿蛤蟆图”等大理石浮雕以及“缙绅出行图”“仙鹤猎鱼图”“喜鹊唱梅图”“少妇携子春游图”“水牛望月图”等红椿木浮雕。另外，庄园画壁上的书画作品，也是难得之佳作。有出自新平书画家普鸿武、尹明伟、李济美之手的“飘漾海洋图”“跨鹤吹箫图”“昭君出塞图”和“香远益清图”等佳作。不少书法作品也是上乘佳作，其意寓深邃而耐人寻味。

❶ 对外联络的发报机
❷ 雕有十二生肖的大门护栏
❸ 处决公告

庄园风格从整体结构上可归纳为“完整平衡、宽敞坚实、中西合璧、俨然紧凑”十六个字。而养晦园内的亭轩碧池、书房戏台、山影月色更是另有一番景致。但是，如此古朴、雅致的楼院、画阁、亭轩、碧水间却充满了血腥味。1950 年 5 月 3 日，李崇安、

❶❷ 精美的石雕

❸ 尖顶的欧式大门，高大坚厚的外墙，墙上四周有枪眼，具有很强的防御能力

陶国忠等率土匪暴乱攻破新平县征粮剿匪工作队驻地大平掌陇西世族庄园，六十余名政工队员、基干民兵和学生，都被土匪围困在养晦园内，弹尽粮绝后被土匪俘虏。惨无人道的土匪对俘虏的手无寸铁队员、民兵、学生，用机枪扫射、刀劈，最后剖腹挖心。据幸存者说："当时的陇西庄园，房前屋后都是血啊！"真是血溅庄园，狂魔乱舞，英灵啼泣……由此可见，在这青山绿水、满堂文明的庭院里，却发生了野蛮的大屠杀，可谓反人类的滔天罪行。除庄园外，陇西李氏还拥有东关岭的家庙祠堂、雄伟墓地、演兵场等屋舍场地，家庙祠堂供有陇西李氏家族祖宗牌位，每年 4 月清明、鬼节都香火缭绕、热闹非凡。其他节日，陇西李氏都如此般热闹，以显示李氏家族的荣耀。另外，陇西李氏还兴办工厂、经营商行、开设学堂，以此壮大经济实力、培养人才、兴旺家族。最具典型的是富昌隆商行，河边街铁厂、纺织厂，还有润之中学。这些充分显现陇西李氏的前卫、富足、豪气！但庄园的气派后面，却潜藏着李有富对当地人民残酷的盘剥和诈取，是人民群众的血汗砌起陇西李氏家族的豪华与奢侈！

李有富是个生性多疑的人，如此个性使他在革命与反革命之间摇摆不定，忽儿倾向革命想通过投机牟取更大的利益；忽儿又倒向反革命。如：李有富在国民党《中央日报》上发表"快邮代电"，以表效忠党国，建立反共自卫军与人民对抗。紧接着李有富派匪部七百余人进攻南区冒合山革命根据地；随之又派出匪首李崇安、陈希凯、陶国忠等三个大队共四百多个土匪偷袭中国人民解放军滇桂黔边区纵队滇中独立团一营驻地，致使教导员杨琪、营长董耀南和二十多名干部、战士牺牲。李有富屠杀革命者，双手沾染了人民的鲜血，成为千古罪人！但庄园作为时代的见证，仍有它的历史意义和现实价值，现今是国家级文物保护单位，是新平县重要的爱国主义教育基地之一。

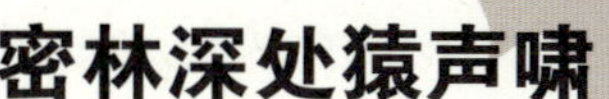

密林深处猿声啸

密林猿影，飞越于古树巨藤间，啸声却留于迷雾霞光里……风声过处猿影飞逝，真是铁杉猿啼、幽谷回声！

风啸兮，树吟兮，猿啼也！暮色哀牢，幽幽古道；绿树碧水，峡谷深涧，猿影闪烁……这是我们穿越哀牢山寻觅黑长臂猿时的感受。西黑冠长臂猿是中型长臂猿，体形矫健，体重约10千克，体长约550厘米，前肢明显长于后肢，无尾。毛被短而厚密。雄性全为黑色，头顶有短而直立的冠状簇毛，雌性体背灰黄、棕黄或橙黄色，头顶有棱形或多角形黑褐色冠斑。胸腹部浅灰黄色，常染有黑褐色。目前西黑冠长臂猿全世界仅有300群1500余只。新平县是西黑冠长臂猿的最佳栖居地，在新平哀牢山国家级自然保护区内，就有170群约500余只。这些西黑冠长臂猿具体分布在者竜乡的尖石头坝、白沙河头，水塘镇的洞干河头、棉花河头、旧哈河头和南达河头，戛洒镇的达哈河头、十里河茶马古道，漠沙曼蚌河头等地。这些河头都源于哀牢山腹地，这些地区位于北回归线

以南，属热带雨林植物生长区，为西黑冠长臂猿的栖居生长提供良好的条件，是西黑冠长臂猿的天然乐园和最佳的栖居地。它们活跃在哀牢山原始丛林里，以食野果、嫩树叶、树上蚂蚁包、小昆虫为生。据说，一生都是在丛林的大树上度过，从不下地。一般三五个一群，一群就是一个家庭组合，并且公母、儿孙都团结恩爱，从不分离。如公猿或母猿惨遭不幸，其配偶将会孤守一生。因此，西黑冠长臂猿也是爱情的忠贞者。

为了解西黑冠长臂猿，我曾随哀牢山保护局的杨显明局长、小周等人深入原始丛林，去探寻我们哀牢山人称为灵物的西黑冠长臂猿。只记得那是个伸手不见五指的漆黑早晨，上山的路特别的难行，我们攀越在陡峭的山野毛路上，经过近两小时的艰难跋涉，总算到达了目的地老鹰峰。

我们潜伏在老鹰峰大绿凹子山的9号点上，蜷缩于高山栲丛林的窝棚里，静候西黑冠长臂猿的露面。举目四望，老鹰峰下的大绿凹子山，此时沉浸于晨曦里，薄薄清雾飘浮在野林上空，远远地传来箐鸡咕嘟咕嘟的鸣叫声。我们似一群潜伏敌后的侦察兵，眼睛不停地搜寻着大家期待的目标出现。朝阳从老鹰峰尖上露出了半个脸，把暖暖的阳光洒在这片墨绿色的野林上，大绿凹子山慢慢地从寂静中复活，离我们不远处有松鼠，从高大红花木莲树上露出它们小巧的身影；深山里的虎头鹦鹉，也成群结队地在高大的云南铁杉林里飞来飞去，它们还会在尖叫中冒出人语“来了，来了……”我把从观景、探物的胡思乱想收回，又专心注目今天要露面的主角西黑冠长臂猿。西黑冠长臂猿是山野的精灵，要想一睹芳容没那么容易。过去翻山越岭的猎人们常说：“西黑冠长臂猿是山野里的幸运之神，如果能见上一面就会给目睹者带来好运。”

探寻西黑冠长臂猿，三年前我也有类似的经历。那是春末，是哀牢山保护局的李国松副局长，带我们进哀牢山无人区探寻西黑冠长臂猿。我们夜宿深山中的红房梁子。这里有条20世纪60年代修通的林区公路，因年久失修而失去功用，我们就露营于这条废弃的

公路上。东方刚露鱼肚白，李国松就叫醒大家从宿营地向梁子顶爬去，到达梁子顶上时我们还是晚了。只隐约听到树林摇曳发出的哗哗声……西黑冠长臂猿早就猿去林空。当我们无功而返时，我惊喜地发现，离我们不远处有片高大的云南铁杉林，这林子后边竟有百余棵红豆杉，其中还杂有些香樟树和红椿树。红豆杉是国家一级保护植物，香樟和红椿也是国家级保护植物，在山外可是稀罕物，而在哀牢山国家级自然保护区里，却能看到成片成林的珍稀植物。我被成片的红豆杉、香樟树和红椿树所吸引，身不由已地进入林子，抚摸着高大的红豆杉和香樟树惊叹不已，那次我被景色所迷还掉了队。我想今天会不会也像三年前一样，只观赏些森林植被，而西黑冠长臂猿却连影子都见不到！于是我在冥想中沮丧起来，总想今天大有可能是重演三年前那一幕……此时，太阳已经升高了。我一看时钟已至9：35，时已至此要想见西黑冠长臂猿，可能仅是黄粱一梦。正在我叹息时运不好、难见灵物之际，大绿凹子山最深处，云南铁杉林最稠密的地方，发出一声“哯哟——哯……”的长啸。而此时，离此地约一千米处又一声“哯哟——哯……”长啸再起相呼应，紧接着另一个山坳里“哯哟——哯……”长啸声又起。此时，窝棚里所有人都进入亢奋状态，大家完全相信老鹰峰下的大绿凹子山有西黑冠长臂猿的说法，都想直奔西黑冠长臂猿的潜伏点，一睹传说中的哀牢山灵物。

杨显明阻止了大家。他说：带大家来这个观测点，想见一见西黑冠长臂猿是有把握的。但不能性急哦，小周、王三、苗大几个年轻人，追踪这三群西黑冠长臂猿已有两年多了，它们的习性三人最清楚。得给大家装饰一下才能接近西黑冠长臂猿，于是大家进行了简单的化装，所有人编了顶树叶帽戴在头上。杨显明说：这西黑冠长臂猿嗅觉灵，最惧生人味。野椿树味重，就掩盖了今天新来者的生人味……他又提醒大

❶ 哀牢山西黑冠长臂猿

❷ 哀牢山白颊长臂猿在林中嬉闹

❶ 就如何保护新平县野生动物多次召开了会议

❷ 西黑冠长臂猿分布地图

家，进入野林后步子要轻、行动要快。能不能见到西黑冠长臂猿还要靠大家配合哦。我们所有人分成三个组，由小周、王三、苗大各带一组潜入森林。我们组由小周带着直插大绿凹子山心脏云南铁杉林区，约二十分钟后我们就进入了这片云南铁杉林带。由于我们每个人都隐蔽前行，进林子后似乎没惊动什么？啄木鸟依旧在笃笃地捉树虫，飞雕肆无忌惮地在高大冬青树上摘树果，还有绿斑鸠在一棵高大的楠木树上飞来飞去，并歇在楠木枝上鸣叫着求偶，不远处又有一棵红果冬青已挂满成熟的果实。它引来了孔雀、松鼠、相思鸟、八哥、大山雀、云雀、斑鸠等，在树上争抢着成熟的果实，发出惊叫和吵闹。如此吵闹声，为我们一行八人的潜行提供了条件。当我们涉过一条碧玉般的小溪时，走在前边的小周向大家示意蹲下，我挨近小周朝着他指的方向望去，只见一棵高大倾斜的柳杉树上缠绕着一根巨型的血藤，就在大血藤上蹲着三个黑乎乎的家伙，不远处又来了一群。它们身轻如燕，两个青一色的黑毛，有四个黄中带白的肯定是母猿，还有两只小猿蜷缩在母猿的怀中。其猿的手臂之长让我惊讶，因在树上飞越身体常常蜷缩着，那双毛茸茸的长手，占据了身体的二分之一。虽说身高仅有 550 厘米，但在树枝上飞越行走中，猿身就显得更长些。它们常是一只手吊在树枝上，另一支手去摘嫩树叶或野果往嘴里送。刚来的一群，不知跟相遇的一群叽叽喳喳地说了些什么？一只公猿率领着两只母猿飘然而去，它们每抓到枝或叶就会飘出数米，只见高树冠上黑影翻飞，转眼间就飞出两百余米，消失在丛林深处。看着那三个来无影去无踪的飞侠，我们大家都惊呆了。这是武侠小说里，所描写的轻功卓越的一流高手。它们来去无影犹如一阵狂风而过，还好留下老幼妇孺待在云南铁杉林里。我对小周耳语：“现在多出三个，两个小的缠着大的更好接近。”我们朝前爬去。小周和我经过一番艰难爬行，越过沟坎凭借一片山竹林的掩护，我们总算靠近了这两群西黑冠长臂猿。两个灰黄色的母猿正用野果喂幼儿，其他两个黑色公猿除自己在四处觅食外，还把树果、嫩枝等多余的食物，从树枝上送来给小

猿吃。西黑冠长臂猿如此的生活场景，让我们感到吃惊，它们的群居互助生活，比其他动物已经有了很高的进化。

这次密林行动，我用自己的尼康D700全幅相机，把西黑冠长臂猿的场景全拍了下来。此组照片，后来成为全面记录西黑冠长臂猿生活习惯的仅有图片，并获得国家环保局和中国摄影家协会举办的“生态环境”摄影大赛一等奖，组委会邀请我到北京领奖。长时间，我处在欢欣鼓舞中，回味着“哀牢精灵”带给我的幸运！

此后，“密林猿影”永映我脑海。猿影精灵让神秘哀牢更富灵气，给寻觅它的人，带来系列好运。“哾哟——哾……”的啸声，永远是人与自然和谐相处的标志，猿影的灵气吸引着更多的人，进入野林去寻求慰藉心灵的神秘之物——西黑冠长臂猿！

高山流水天上来

山有多高，水有多长。在神秘的哀牢山，一江一十八条河，宛如奔腾的玉珠，从高山上撒落下来。新平的水啊，为无数的山峦增添了无尽的妩媚和风情！新平的山啊，在水的润泽和爱抚下显得愈发生机盎然！

山有多高，水有多长。在神秘的哀牢山，一江一十八条河，宛如奔腾的玉珠，从高山上撒落下来。有十里河、大春河、棉花河、南秀河、南达河、南恩河、春元河、竹箐河、绿汁河、石羊江等，秀水银波，仿佛天上的银河化为一条条项链，坠挂在哀牢山的胸前。源自哀牢山的浩瀚森林、完好的山体和植被，无数的高山泉眼与娟娟清泉汇成溪流，变作了邱家坝、黄草坝、章巴、猴进、二箐等水库。这些水库，宛若天庭散落人间的一面面明镜，镶嵌在哀牢山的怀抱里。

新平的水啊，为无数的山峦增添了无尽的妩媚和风情！

新平的山啊，在水的润泽和爱抚下显得愈发生机盎然！

藏在哀牢山的怀抱中，许多山褪去了荒凉、粗犷和险峭，变得异常阳光、精致、俊朗，让人一见，就从心里生发出一缕又一缕的柔软情丝，化作了如见亲人般的亲近感，恨不能张开双臂，与其热烈拥抱。

南恩河水流经上游山谷缓缓前行，猛然间在一个近百米的悬崖上被一座高约九米的巨石一分为二，悬空落入渊底，犹如两条悬挂于悬崖上的白绸，在渊底腾起阵阵水雾，恰似一对隐藏在哀牢山中热恋的巨龙，终身相依，永不分离。从双龙瀑布落入渊底的激流还未奔涌出百米，又跌落到百丈石坡上，形成南恩河最壮观的叠水瀑。站在恩水公路南恩河桥上观赏叠水瀑，人们可以看到一股约五十米宽的雪亮巨流从悬崖顶端喷涌而出，重重地摔落在一片由坚硬山崖组成的百丈斜坡上。飞溅的水花炸出千道紫烟、万股飞霞，瞬间又以排山倒海之势从石坡上滚滚而下，起伏跌宕，四处飞溅，伴着阵阵升腾的水花形成哀牢山第一大瀑布。轰鸣的瀑布，汇涌到桥上方的乱石丛中，顷刻间全都钻进桥洞里，又从桥下九米高的护墙喷泻而下，形成壮观的人工飞瀑，水声隆鸣似地动山摇……

正午阳光直射下的瀑布，白亮如雪，飞溅起来的水花形成浓浓的水雾，伴着轰鸣声向四处飘洒。从炎热的戛洒坝到此，这晶莹的水雾立即给游客带来一分清凉，游人炎热的烦躁，就被这哀牢第一瀑的甘露湿透。夕阳下的瀑布更是五彩缤纷，鲜红的斜阳已经靠山，西天彩霞映衬下的瀑布无比的娇美。假如游客能跟这样的好时辰巧遇，就能在此年交上好运。因为，如此美景的形成，跟水势、光影、时辰三要素的搭配有关，这就是古人说的“良辰美景”。这样的良辰美景，只有贵人才能遇到。

哀牢山的树是苍劲的，并不很高，有的树冠被经年的大雪压垮了，秃顶光亮亮地伸向天空。树身长满了青苔，原始得就像披满长毛的孙行者；满山的林是苍劲的，色彩斑斓、茫茫苍苍；蕨类就像铺开的箧笆，或歪去倒来的像耳朵；溪水就像哀牢山的精灵，巧妙地在山中流淌。还有十多家农家

❶ 南恩之水天上来

❷ 流不尽的高山流水

乐建在公路两边，让这个山清水秀的地方，多了一些人间烟味。

石门峡就包裹在这样一个浑然天成的山中。

这是一个凉透身心的山中峡谷。从大门入口处逐级而下，人很快就淹没在水声喧哗的谷中。如果来路还是风尘仆仆，还是戛洒坝带上山来的一身臭汗，那么置入石门峡中，你会突然感觉到满身的毛孔都被清凉打开了，满身的疲惫都被清凉赶走了，满脸的欢笑都被峡谷引出来了。首先欢迎我们的是“素湍绿潭”，三道白练般的溪水从绿得滴水的岩林中倾泻而下，大珠小珠般坠落峡谷河流形成的潭中。峡谷中的河水并不是很大，宽处有二三十米，窄处有十来米，宽处人可涉水而过，仅能淹到脚踝。河水清澈见底，让人心醉，就像少女的发丝漫过五彩斑斓、圆润光洁的河床。河床由一河的石头和两岸的峡谷构成，光影婆娑，水声潺潺，波光粼粼。过去，我见过哀牢山中许许多多河床的水和石头，但从没有见过像石门峡河床中的石头如此圆润、光洁，不论是青色还是沙红色的，不论是条形的还是圆形的，不论是大的还是小的，一河的石头圆润得鲜亮光滑，有如凝玉，似乎只要人们取出，稍稍钻孔、打磨，河底的每一块石头都会被凿成价值连城的翡翠。

沿着水边的栈道往峡谷的深处走，一路都是潺潺的水声和错落有致的飞瀑。路是人工开凿的栈道，高高低低，迂回曲折，顺河床蜿蜒向深处，游客有时要从岩上攀过，有时要从河心跨过河床，有时要侧身钻洞，有时要凌空过桥；峡谷或宽或窄，或深或浅，或明或暗，或陡或缓，好像和我们绕道道、捉迷藏，有时仿佛要绝人之路，但赶到眼前又柳暗花明又一村。峡谷变幻莫测，玉石嶙峋，绿荫匝地，水声隆隆或叮叮咚咚、哗哗啦啦，在两岸合拢的树荫下，“探幽寻韵”“仙女泉”“悦心池”“养心池”“一米阳光”“幽谷落

❶ 花腰小卜少嬉水玩

❷ 山有多高，水就有多高

照”“岩蜂崖”“清泉石上流”“听泉赏石”“生命之源”“峰黛水秀”“大滚锅”“幽谷流彩”等景观让人目不暇接，叹为观止。如“一米阳光”就是谷深天远，抬头仰望，在峡谷中只能看见天空的一缕阳光；“岩蜂崖”就是峡谷高空的一处绝壁上年年有岩蜂飞来酿蜜；“生命之源”就是路旁一巨石上天然形成母婴胎儿一样大小的石盆，盆中终年清亮亮汪满山泉，冬不干，夏不溢；“大滚锅”就是清澈的河水落入潭中浮起千万颗珍珠般的水珠，从而形成一道形同腾冲温泉“大滚锅”般的奇观……峡谷两岸的山石上不时流下道道白练，有的汩汩响，有的哗哗流，有的潺潺淌，都争着汇入石门峡，形如纱，如幔，如练，如溪，如水，如瀑，把游客的衣溅湿了，心也打湿了，凉到脚跟，湿到心底。

从入口大门到栈道的尽头，据介绍说一共有四道石门，石门峡的水从石门中间不断穿流而出，奔向东方。但我们走完整个石门峡，觉得石门峡的石门数不胜数，峡谷河底两岸都是石壁，石壁打开千道坎、万道门，壁上爬满了青苔，苔类植物和高山大树长满两岸，把石门峡掩映在浓绿的深谷之中。绿荫匝地，滴水涓涓。来到的人都是一路欢笑、一路欢呼，疲惫和倦怠的心在这里得到了放松，厌世的恶在这里得到了缓解，内心的不安在这里得到了释放。在这里，人与自然得到了和谐。近年来，到石门峡观光旅游者络绎不绝，中央电视台《走遍中国》摄制组专门到石门峡录制节目，花腰女在石门峡上演了一场人与自然和谐相处的剧，石门峡真可谓山中奇观。

石门峡目前可走的景区有四五千米，从入门到出来，一般要三四个小时。这么长的时间走一个峡谷，还有很多人纷至沓来乐此不疲，大约就是来找一处让人身心放松、自由自在的休息地吧！

2

百鸟朝凤打雀山

鱼爱水，鸟爱林。者竜乡林茂鸟多，鸟的故事像晴朗的夜空中的繁星一样。在众多的故事中，百鸟朝凤的故事最为动听。

打雀山还有今天科学家解不开的秘密。

新平县的者竜乡，被滇中人誉为“四乡”：核桃之乡、茶叶之乡、黄果之乡、树王之乡。这都是树的杰作，林的浪漫。这里，森林覆盖率为玉溪市第一。这里，古林苍黛幽碧，新林嫩绿滴翠。这里，茶树王、核桃树王、银杏树王、缅桂树王、荔枝树王、黄果树王、榕树王，“七贤王”聚在一起，还有被称为植物活化石，与恐龙同时代的桫椤树群。古木被誉为“活文物”和“绿色古董”。在者竜这个绿色展览馆里，都有精彩的展出。

鱼爱水，鸟爱林。者竜树木繁杂，森林茂密，无愧鸟的乐园，雀的圣地美名。打雀山，就是者竜乡的界牌村后山。当地彝族同胞叫曼挖老尖山。因为在那座山上可以打到许多雀，所以它原来的乳名和学名很多人都不记得了，而打雀山之名却越传越远。

打雀山的神话故事，有红糖之甜和黄连之苦涩。

相传，古时候的曼挖老尖山，是鸟王凤凰的宫廷，是百鸟朝王的圣地。这里阳光明媚，泉水清亮，草木青翠，鲜花常年娇艳，瓜果四季飘香。每年金秋，百鸟都要带着自己最好的礼品，到王宫中向凤凰朝贺参拜。有一年，正值百鸟欢宴的时候，玉皇大帝降旨召鸟王火速上天，并不准再返回地面。凤凰把上天的圣旨告诉百鸟，并嘱咐大家，以后也一定要届时到宫里来举行一年一度的聚会。依依惜别时，凤凰忍痛拔下一根最美丽的羽毛放在王椅上，流着泪飞走了。百鸟牢牢记住鸟王的圣言，每年的金秋时节，都来瞻仰王羽，以示怀念。殊不知，百鸟的秘密被猎人识破，鸟王的美意、百鸟的盛情，竟变成了众鸟的厄运。据《新平县志》记载："每年至秋季，白露节内，天雾微雨无月之夜，有百鸟群集至山朝贺……"到了这个时节，周围的人们，肩扛长竿，身背麻袋，上山后燃起堆堆篝火。于是，百鸟便从四面八方冒雨破雾飞临百鸟山，向火堆扑去，捕鸟者在篝火旁来回挥动带枝叶的长竿，不多时就能捕获数麻袋雀鸟。大的如天鹅，小的如蚕豆雀。

❶ 云雾缭绕的打雀山是鸟儿的乐园

❷ 夕阳西下，打雀山的鸟儿们累了、倦了，晚归的景色如诗如画

据鸟类学家解释，这是自然界的一种正常现象，是一年一度候鸟的迁徙活动。候鸟的迁徙非常有规律，迁徙的路线常年不变。百鸟山就是候鸟迁徙途中的栖息地之一。鸟类长途飞迁，白天以太阳辨向，夜晚靠星星导航。天雾微雨无月之夜，鸟类见不到星星，迷失了方向。贪婪的捕鸟者就利用这一习性，燃起篝火引诱候鸟。而候鸟误把火光认为星星，于是便飞扑而去。但是，当地的留鸟，如孔雀、画眉、麻雀……也飞扑上去。

20 世纪 90 年代，百鸟山被中国科学院确定为"国际候鸟"迁徙定位观测站。在各级政府的宣传教育下，到百鸟山捕雀打鸟被禁止了。每年此时，生活在百鸟山周围的各族青年人，有的怀抱月琴，有的手捧芦笙，有的佩戴响篾，上山后，不燃篝火，在百鸟唱鸣声中，吹弹乐器，对歌"跳乐"，寻觅知音，人鸟共乐，通宵达旦。

圣山磨盘

磨盘山花海

春天到磨盘山，寂静的山谷，到处只听得到山花绽放的声音；喧闹的公园，到处只听得到樱花盛开的声音。磨盘山的樱花是大气的、霸气的，是美的精灵。三月到磨盘山赏花，是当下城市生活时尚休闲的好去处。

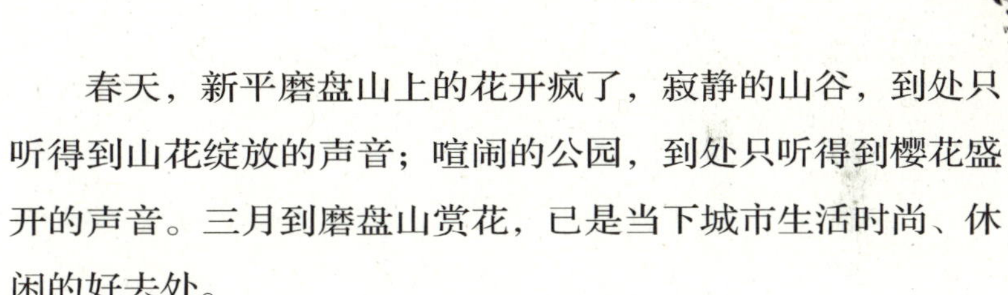

春天，新平磨盘山上的花开疯了，寂静的山谷，到处只听得到山花绽放的声音；喧闹的公园，到处只听得到樱花盛开的声音。三月到磨盘山赏花，已是当下城市生活时尚、休闲的好去处。

磨盘山因山体四周形如磨盘而得名。

它是彝族的圣山，其神话故事构成了磨盘山神秘的灵魂。其中最著名的是彝族农民起义英雄普应春的故事，以及由它演变而来的赫白租大王的神话故事。

它是植物的天堂、鲜花的海洋、雾霭的故乡。面积有 242 平方千米的磨盘山国家森林公园，有林地面积 198 平方千米，覆盖率达 82%，生长在海拔 1400 ~ 2614 米之间的北回归线附近亚热带气候圈中。磨盘山因为是彝族心目中的圣山，历史上对森林大规模人为破坏较小，许多地方至今还保

存着较完整的原生态原始森林。在叠翠的密林中，生长着各种马缨花杜鹃类、映山红杜鹃类、山茶花类、报春花类等观赏价值较高的花卉植物一百五十余种。各种珍禽异兽栖息于林间溪旁。神奇的大自然让磨盘山得天独厚，保存着至今最完整的茫茫苍苍的原始森林，生长着许许多多珍贵树木、贵重药材和奇花异草，穿红着绿、姿态艳丽、各领风骚的花事终年不断。最让人陶醉、流连和沁人心脾的，首先要数磨盘山的马缨花。

马缨花，又称大树杜鹃，它以花朵硕大、艳丽著称，有人称她为“花中西施”，也有人说她是“木本花卉之王”。相传，它是失意的一些杜鹃鸟飞到一棵棵树上撞死，在它们鲜血浸染的地方，第二年的开春就会长出一棵棵的杜鹃树，开出像鲜血一样娇红的花朵。但磨盘山上的杜鹃花，相传它是彝家青年明生和诺美的化身。

一颗树便是一片风景

磨盘山地主家的女儿诺美爱上了彝家青年猎手明生，惨遭家人反对，双双跳下磨盘山上的钟情崖。第二年，在他们殉情的地方，就长出了大片大片的杜鹃树，开出了像鲜血一样鲜红的花朵。用这个传说来渲染磨盘山花的艳丽、娇贵、高洁、火红是再恰当不过的了。

当你到达磨盘山观景台往北直上 100 米或往南直下 500 米处，跃入眼帘的是一幅幅杜鹃描绘的瑰丽画卷。花林长 2000 米左右，顺着钟情崖的山脊蜿蜒向南，顺山势大片大片地开放。登高眺望，犹似一条长睡的卧龙向前爬行。这是一派红的花、红的彩、红的山、红的岭、红的云、红的霞、红的天、红的地，由马缨花填充的世界，其花之多、花之红、花之大、花之艳，让你不得不怀疑这是否是树枝上开出来的奇迹？这大约是上天赐予磨盘山的精灵，它们拔节的声响、开放的声音，在阳光下就像杜鹃啼血，像彝家青年在信誓旦旦，像花仙们在开运动会，像青年们在赛装、媲美。走近细细观赏，才发现一棵一棵的马缨花，花开万枝，枝开万朵，朵放异彩，正是它们绘制了花海磨盘山的繁花景象。一棵一棵高大的大树杜鹃，缀满了成千上万枝花朵、花团，不论树干、枝条，还是丫杈间，每一枝有绿叶的地方，都会结出花蕾几颗，每一片有生命的地方，都会冒出繁花数朵，花开万树，枝放万花，这就是磨盘山花海。

磨盘山的马缨花是大气的、霸气的，是美的精灵，一朵花一般都有人的拳头一样大，每朵花又开成一二十个花瓣缀成的小蕊，红得像火，妍如彩练，让你欣赏一朵有一朵的惊奇，欣赏两朵有两朵的赞叹，欣赏一支有一支的联想，欣赏满株有满株的激情。难怪进入花海，一拨又一拨到来的游客们都恣肆挥洒，冲山林大声叫吼起来。男的女的、老的小的、乘车来的步行来的，在惊叹马缨花开放得这样巧夺天工的同时，冲着钟情崖吼，冲着马缨花海笑，“喔喔喔——”空谷回音，如马缨花唱歌，如杜鹃啼血。

❶ 万人游花海

❷ 满山遍野的马缨花把天也映得红了

每年开花时节，当地的群众都要在磨盘山公园的草甸上载歌载舞举办赏花节，届时人潮如涌。杜鹃花多为二乔型或灌木，在她的家族里，世界上有850种，我国有650种，云南有400种，磨盘山就有145种。磨盘山拥有这么多的杜鹃花品种来装点满山遍野的七彩画卷，难怪人们一走进磨盘山的春天，便觉天堂人间难辨，流连忘返了。

虽然林中赏花的小道弯急而窄，不太好走，但对花的追求，对美的执着信念，每到赏花时节，各地的轿车都会来到磨盘山，昆明及滇中一些旅行社的大巴也纷纷开到了磨盘山上。游客们一下车就冲入樱花林，相互簇拥着，在花前留影、花下流连，花前树下，不断传来行人的笑声和相机“咔嚓咔嚓”的声音。如果说拥有了一秒就拥有了一分，拥有了一分就拥有了一生，拥有了一生就拥有了人生的幸福，那么在花前拥有了一分一秒钟的时间，人们是否就拥有了一生对花的期待，对美享乐不尽的追求。

磨盘山上不但可赏山野气息的天然马缨花，还可赏到人工栽培的成片成林的世界绝顶美丽的云南樱花。出于对樱花的迷恋和对公园旅游景区的深开发，几年前，磨盘山国家级森林公园在景区内引种了几十万株云南樱，规划栽满了几个山头和公园两旁的道路，建成了樱花庄园。庄园里的樱花为重瓣，色彩艳丽，品种达几十个。每年二三月间花期绽放之时，人工种植的樱花成了磨盘山的象征，那一团团绽放的樱花，那一株株摇曳的树干，那繁花似锦的怒放，那游客如织的人海成了磨盘山庄园繁盛的景象。特别是每年2月18日至3月18日新平樱花节期间，磨盘山万人来潮，繁花似锦。你看，樱花开得如火如荼。翠绿的枝叶沾有清晨的露珠，在柔软的阳光下闪闪发亮。满树烂漫的樱花林，透出了一股甜美的气息。从远处看，如云似霞般炫目，不时引来一只只彩蝶绕花盘旋。游客们在花下徜徉、流连、陶醉，太阳落山了还舍不得走，生怕一离开庄园，就错过了人生的花期。

春游磨盘山，徜徉马缨花海和樱花庄园，一路花开，一路欢

喜，一路陶醉。一路上林幽、石奇、水秀、路悬。这里有婆娑婀娜的含笑王、树形如伞的杜鹃、挺拔秀丽的红花木莲等等。更甚的是岩石鬼斧神工的神妙造化，游道上长年不枯的叮咚泉水令人遐想。栈道上共有曲径通幽、情侣石、大王石像、神龟下海、幽林飞瀑、神石让路、九隆神韵、仙人脚迹、碧石溪等十余个景点，这些优美景致，足以让游客流连忘返。

磨盘夕照

忘情神灵谷

圣山幽谷，讲述一个远古的神话。石景风物，沉载彝王的典故。幽谷崖栈，从物景中透视风云变幻。幽谷逸事，幽林中一段美妙的童话……

神灵谷亦称悬崖幽谷，是国家级森林公园磨盘山里一个幽僻的景致。它位于磨盘山月亮湖右侧，隐匿于高山草甸之下，属赫白祖河源头。从高山草甸下到神灵谷，观其景让人想起陶渊明的《桃花源记》。“缘溪行，欲穷其林。便得一山，山有小口，仿佛若有光……从入口，初极狭，才通人。复行数十步，豁然开朗。土地平旷，屋舍俨然，有良田，美池，桑竹之属。阡陌交通，鸡犬相闻……”这样的句子，恰似对神灵谷的描写。

当人们经过草甸来到谷口时，见到的是一簇树丛后面的入口，有一条青石板路静悄悄地躺在那里，幽谷的美丽景致映入人们的眼帘。茂密森林包裹着一条灰黑色的幽谷，谷内崖栈清泉、奇岩绝壁、苔痕斑斓、树影婆娑、月色明媚，犹如一缕画卷徐徐展开。

神龟望月

幽谷石景。谷中的石景有的像人，有的像龟，有的像虎，有的留有奇特印迹。来到谷底，抢入眼帘的是大王石象、金龟望月等两组引人的雄伟岩石。那天公雕凿的岩石，就像一个魁梧的战神立在那里。它立于幽谷崖栈的入口处，特别是在夕阳光辉里，这樽崖栈石象的盔甲、战袍愈加清晰，一双炯炯有神的大眼直视前方，那神态是在远眺中凝思。金龟望月，据赫白祖寨老辈人留下的传说："这金龟，是赫白祖河里得道的神龟，为顺民心附时运它蜕化成人，来扶助彝王赫白祖。有一天，他乔装成白发苍苍的彝族老毕摩，来拜见彝王赫白祖，并给赫白祖出了许多打击官军、拯救百姓的好计谋。赫白祖依计击败官军，建立磨盘山根据地。后来赫白祖战败，这彝族老毕摩急流勇退，也化为石龟隐匿于此。你看它昂首挺胸，抬头遥望九天，似乎在回望远古、预想明天。"

神石让路。一块数十吨重的巨石被拦腰折断，摆在路的两边。据说，当年赫白祖因亲生母病回家探望，路经此处被巨石所挡。性急中赫白祖拔刀向巨石劈去，口中骂道："孽障，快给我让路！"没想到刀锋所至，巨石真的被劈开断裂并让出了一条路，这就是我们所见的谷中秘景"神石让路"。

崖画纹迹。高大巨崖被大自然侵蚀后，成为无规则的图案和文字，还有的像块皱巴巴的牛皮，这就是崖画纹迹。据磨盘山彝族毕摩李家荣说：那高大巨崖上弯弯扭扭的印迹，就是崖画纹迹，是千百年前被人雕上去的彝文，虽说不够清晰，但也还有蝌蚪文的痕迹。它讲述的是"赫白祖"的出生。据说他在母亲肚里一怀就是九年，这九年里他能跟母亲对话。有一天母亲说：儿啊，老娘实在怀不动了，你出来吧？他说：娘啊，我出来可不容易，要有机遇哦。如果大象过路，你就告诉我一声，我就立即出来！就这样母亲等啊等……有一天她见一条青牛过路。就骗儿子说：大象来了，你出来吧！只听肚中的儿子"嘿！"的一声，蹬断老娘数根筋骨跳了出来。一落地就问：大象呢！母亲说：那是头牛，刚过去！赫白祖啊哟一声惊叫，追上青牛把它杀了，用牛皮补好了母亲的肚子，但牛

地势险要的幽谷崖栈

皮总归不如象皮，最终还是让母亲留下病根。

大王脚印。有块巨大青石，摆在赫白祖河头，也就是幽谷的石径拐弯处，它平整而光滑。但石面上有一个巨大的脚印深深地印在那里，这一脚力度之大、印迹之深让人惊叹。说起脚印的来历，当地彝族有这样的传说：当年，彝王赫白祖为给病中的母亲去石屏抬米线，就是蹬着此石跃上天空飞向石屏。因此在此石上，留下了如此深的脚印！

幽谷崖栈。幽谷崖栈，宽约3米、长250余米，是整块岩石伸出形成的天然顶篷，里边有水和平整的岩石，稍加整理就可住人，能容近千人避雨或借宿。崖栈多处还有清泉渗出，其中央有大拇指粗的一股泉水渗出，在一岩石上形成一湾清泉，其水清若甘露，甘甜而润口，故名曰“圣泉”。据说，这圣泉也有些药用价值，若人们偶感风寒久治不愈，到此饮泉水数日便好；还有肠胃不舒服者，饮泉水数日也会不治而愈。因此，磨盘山周边各村寨的彝民也敬此泉为神泉。

幽谷崖栈，传说是彝王赫白祖的屯兵之地。当年赫白祖起义，就把自己组建彝族义军藏匿于此，在跟官军周旋中他常从幽谷出奇兵制胜，打得官军防不胜防。然而，幽谷崖栈更多时候是岩羊的天堂，有近百只岩羊，曾藏匿于此。岩羊们有时翻上崖栈顶嬉耍、跳跃，把腐质层很厚的崖顶跳得嘣嘣响，犹如几千人在擂战鼓，连山下小石缸村的彝族群众都听得到。为此，当地彝族人亦称此地为“岩羊擂鼓”。可见，幽谷崖栈是个险要之地。攻，可为立足之根；守，可为关卡使万人莫开，它是磨盘山上的要塞与美景之一。

幽谷逸事。这幽谷中有不少奇闻逸事，那就是幽林中的老熊掼膘树。老熊掼膘树，是棵近千年的老锥栗树，这锥栗树附近有个山洞，每到冬天老熊就会进洞冬眠。这幽林的冬天，寂静得连鸟鸣都感到珍贵。但春天一到，幽林里就开始热闹起来，绿斑鸠、画眉、箐鸡、鹧鸪都出来了，它们的叫

❶❷ 踏雪寻梅

声让寂静的幽林有了生气和活力。但更有趣的是休眠一冬的老熊也出来了，它浑身都是肥肉，胖得滚圆，行动起来像个胖老太。身上的棕色毛也实在太厚，也许毛中也生了不少虱子吧。因此，它胖、痒、笨、怨、怒集于一身，觉得极不舒服。刚一出洞，就在这棵千年的老栗树上，拼命地撞、擦、拱，以发泄自己身上的不适，就这样撞、擦、拱几天后，还是不舒服，于是它干脆爬到高大的老锥栗树上，直接从上边摔下来。"嘭"的一声从树上摔到地上，然后"嗷——"一声吼叫，又往树上爬，接着"嘭"地又摔了下来……如此不断重复地摔，以重塑它森林枭雄的形象。幽林里熊吼、鸟鸣、岩羊蹦跳、麂子的叫声形成了少有的热闹气氛。而那只胖熊，又叫又嚷地吵上二十多天后，这春后的老熊掼膘才算结束。经过艰

苦卓绝的老熊掼膘，身上的痒、疼、笨、胖都消失了，于是体重大减，行动敏捷灵巧起来，它才悠然自得地离开老熊掼膘树，消失在茂密的丛林中，去寻觅自己悠然快乐的生活。

神灵谷是个充满神奇色彩的幽谷，其引人入胜的石景传说、崖栈上的岩羊擂鼓，崖栈内清泉碧水、宽敞明亮，曾为彝王赫白祖的驻军中心……还有崖栈对面的老熊掼膘树，野林中的四季更替，都组成幽谷中美的旋律，传至游者的心房，让你无法忘怀……

最后的一汪圣水

高山圣水，急切或缓慢，豪情或沉静，顽皮或安宁，都会恣意地呈现出不同的个性，水让磨盘山变得灵动、风情万种、姿态万千、色彩各异、魅力十足。

磨盘山出名由来已久，有人说在于物种多样的原始森林，有人说在于漫山遍野的杜鹃花海，有人说在于沁人心脾的空气，有人说是因为彝族大王赫白祖的神秘传说，而我却说，是在于那一汪汪高山的圣水。

那一汪汪高山的圣水，不宠，不惊，千古永恒，在静静守望你的到来……

一进入磨盘山，森林湖就在那儿向你盈盈招手，湖畔的棠梨花伸展开来，似乎都在迎接你的到来。走近森林湖，湖水很清很清，清澈见底，湖中的水草密密麻麻，柔软地躺在湖底，这里的水草是幸福的，拥有这样纯净的水质恣意地生长。湖四周的景色都被反射在湖面上，蓝、绿交杂，倒影清晰可见，是天是水，难以分清。

森林湖的美是大自然赐予的：春来森林湖，湖畔的棠梨花瓣随风飘入湖面；随风轻漾，恰如一个个小小的精灵在湖中欢快起舞。夏至的森林湖，满眼的绿意漫山而来，溢满你的眼球，连湛蓝的天空也被染上了丝丝绿意。秋光闪耀，湖畔水草的金黄、山野的翠绿、枫叶的火红构成一幅立体的重彩油画。冬雪皑皑，银装素裹的森林湖像一位雍容的美人悄然静立。雨来了，湖面上跃起千万枚玉珠，浸透青峰翠岭的绿风牵来雾霭，笼罩在湖水上，仿佛一位身披轻薄素纱的彝家少女，羞涩中偷露出娇颜。太阳升起，林中的鸟儿穿梭在湖面，清脆的鸟鸣透过湖面，穿梭在林里、树间，为安静的湖光山色增添了几分动感。

月亮湖是磨盘山的处女，因湖面宛如弯弯的月亮而得名。据说，月亮湖的泉水因季而异，当雨水丰沛时泉眼出水量小，感觉不到泉水流淌的痕迹；而雨水干枯时泉眼里的水汩汩而涌，直奔向湖里。不论何时而来，月亮湖都让人惊喜不已，看到的湖水都是一样的清澈透明、一样的丰盈。

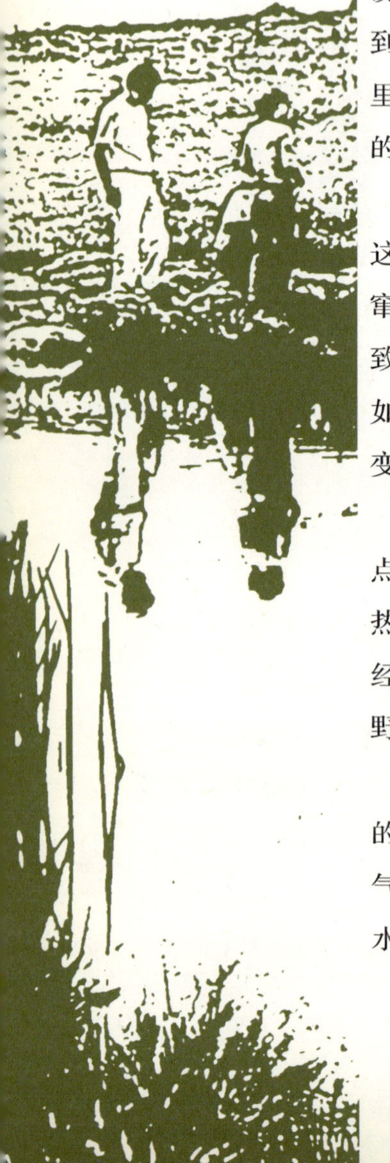

月亮湖边有宽广厚实的草甸，草甸表层由无数草根交织而成，这一片植毡，软软的、湿湿的，赤足而行，小草在趾间不安分地乱窜，弄得心也痒痒的，好舒服惬意！植毡草层高低起伏、错落有致，低的只及脚踝，高的仅齐腰部，远远望去，铺在湖的周围，恰如巨型的地毯，中间有大自然彩绘的图案，这幅巨大的图案随四季变化，呈现出不同的图样及色彩，令人赞叹不已。

行走在月亮湖畔的草甸中，呼吸着新鲜的空气，看草甸中星星点点不知名的野花，深紫色的、浅紫色的夹杂在一起，熙熙攘攘，热闹地争相怒放在草甸上。细心的你如果留意寻找脚下的话，会不经意地发现许多野果而惊喜：有白的白酒果、深紫的野蓝莓、红的野草莓，都在等待你的品尝。

碧玉湖清澈、碧绿，掩藏在华山松林里，是磨盘山水容量最大的湖。百亩松林四时常绿，山风吹过松林，松涛阵阵，绿荫下的空气湿润而清凉。越过松林，映入眼帘的是无边无际、清澈见底的湖水，湖水是那么的绿，从远处眺望那湖水像是一块无瑕的碧玉镶嵌

在磨盘山上。湖水是那么的静谧，恬静得丝毫感觉不到湖水的流动；湖水是那么的清，清得能望见湖底的树枝、水草和石头，小鱼悠然穿梭在湖水里，像一幅水墨画一般美丽，不忍离她而去。

磨盘山的圣水，不只有那迷人的湖水，还有那或气势如虹、或温润如玉的瀑布群。

宽约十米，落差约一百米的飞龙瀑布，从悬崖上一泻而下，从天而降的瀑布激流奔驰、玉漱飞鸣，似天河倒泻，如雷霆万钧，犹如腾空飞龙般直泻入潭中。阳光照射下，彩虹横跨在飞瀑之上，水汽蒸腾上升，如烟似雾，蔚为壮观。站在飞瀑下，瀑布倾泻下的万千水流或水珠聚集成潭，沉静而碧绿，而潭边喜荫的蕨类植物因这水的滋养长得鲜嫩无比。在这高山之巅，如飞龙一样直冲下来的瀑布为磨盘山增添了动感，打破了寂静。

情侣瀑宽四十余米，落差一百余米，如其名一般，温婉含情的瀑布似两条银色水带缠缠绵绵，从百米高的山岩上缠绵而下，恰如一对柔情相拥的恋人。相传，它是由一对相恋不得其果的恋人化身而成的。瀑面蜿蜒曲折，在微风的吹拂下婀娜摆动，飞花碎玉，如雾似烟。靠得近了，水花似雾扑在脸上，凉凉的。情侣瀑的阵阵水雾从山谷升腾而起，使得周围的树林包裹在烟里、云间，翠绿的叶面挂满了晶莹透明的水珠，阳光从树叶的缝隙中穿过，为瀑布染上了五彩的颜色。

高山圣水，充满活力的水，它急切或缓慢，豪情或沉静，顽皮或安宁，都会恣意地呈现出不同的个性。同样，不同的季节，不同的时令，不同的雨雾，不同的阳光，高山圣水的表情都各有不同：清晨，水汽形成的浓雾锁在水面上，湖面变得朦胧缥缈、若隐若现；傍晚，夕阳洒落下来，宁静的湖水霎时变成五彩斑斓的画面，湖面变得扑朔迷离、神秘莫测。

❶ 水汽形成的浓雾锁在水面上，湖面变得朦胧缥缈、若隐若现

❷ 沉静的湖水，湛蓝的天空，一切都如此纯净

花映湖水

春雨滋润，湖畔棠梨花、樱花盛开，赛雪垛堆堆，似云霞霏霏。在湖边，盛装的彝家儿女手牵着手，跳起彝家舞蹈，唱着彝家小调，哼着彝家情歌，尽情散发青春的情怀。秋叶渐凋，候鸟南迁，红黄相间的树林、金黄的枯草与飘飞的落叶诉说着时光易老。

水为磨盘山造势，磨盘山靠水演绎风情；水让磨盘山的风景变得灵动起来，让高山饱蘸自然色彩，姿态万千。

读懂磨盘山，只从那浩瀚无边的原始森林，从那漫山遍野的杜鹃花海和神秘传说是远远不够的，要从读这高山的圣水开始，你才能领略她的魅力所在。从那横陈在湖畔或湖底的古树枝丫中，想象出多年前的水是以怎样的力量咆哮而下，冲刷出硕大的湖，如此便可以读出水的激情。水从林间涓涓而出，从石上潺潺而过，那湖，不论深浅，不论大小，都仿佛凝固一般，轻缓、温柔，如此便读出水的柔情和沉静。飘然而下的瀑布，水帘在微风里轻漾，在阳光的映照下，色彩万千，如此你会读出水的飘逸、轻盈。有时如碧绿的孔雀翎，有时如嫩绿的春草的水，在绿树、花影和草甸的映射里，便会读出水的色彩。

假如你厌倦了城市的嘈杂，不妨走进远离喧闹的磨盘山，与这里的山水融为一体，来感受高山圣水的美妙。来到这里，置身其间，会有一种羽化成仙的飘然感，各种树木自由地伸展，各种野草任性地生长，各种野花恣意地开放。驻足于前，禁不住让我想起了台湾歌手齐豫的一首歌《一面湖水》：“有人说，高山上的湖水，是躺在地球表面上的一滴眼泪……”

在磨盘山圣水前，心情变得简单，情丝变得悠长，似乎人也变得空灵，有了那么几分禅意。

❶ 冰雪里的月亮湖，是躺在磨盘山表面上的一滴眼泪

❷ 冬来的一场大雪，盖住了磨盘山，也让它成为人们休闲娱乐的好地方

彝王赫白祖

赫白祖出生在磨盘山的一个彝族寨子里。他除暴爱民，深受彝家敬仰。彝家人把他出生的寨子改名为赫白祖（寨），还有以他的名字命名的河流、山洞、瀑布……赫白祖是人性化的神，亦是神化了的人。他飞天的脚印还留在敌军山中，他魁梧的石像还立在磨盘山上。

有一位诗人写道："女娲补天落下一块彩石，红河之阳平添了一座高山……"这座山就是具仙源的磨盘山。磨盘山，是彝族同胞世世代代生息繁衍的地方，彝家人叫它神山或圣山。磨盘山上神仙众多，在诸位神仙中，赫白租的名气最大。他的神话故事，比天上的星星还要多：不分春夏秋冬，彝家人在火塘边款也款不完。

人们常说，十月怀胎，一朝分娩。可怀在娘肚子里的赫白祖，已经 12 个月了还没有生下来。传说，赫白租在娘肚子里就会说话。一天，肚子里的赫白祖对母亲说："阿嫫，我在您腹中好久了。等到哪一天，大白象从我家门口经过，请您告诉我。"儿子怀得时间长了，母亲很累很累。她从来没听说过肚子里的娃娃会说话，心里害怕。一天，有一头大白牛经过门口，她就对着肚子说："儿子，快出来得啦！"赫白祖从母亲的胳肢窝下钻了出来，他看是一条大白牛，长叹了一声后，马上从灶房中拿来菜刀，割下一块牛皮补好

彝山古寨至今还在传颂着彝王赫白祖的故事

母亲的胳肢窝，从这以后，母亲经常生病。

赫白租是个大孝子，母亲生病的时候，他起得特别早，烧热洗脸水端到母亲床前后，就上山砍柴或下田种地。吃过早饭便去放羊。有一天，赫白租和小伙伴们在磨盘山大草坪上放羊，天气特别好，天空万里无云。他望着石屏异龙湖说："朋友们，你们去不去石屏吃烧豆腐？"大家回答说："当然去喽！"可一想，石屏离磨盘山两百来里，咋去得了？二想，羊吃草，满山跑。大家去了，谁来放羊呢？三想，吃烧豆腐要钱，哪来的钱？于是都泄气了。赫白租说，都好办。边说边用他的赶羊鞭子大大地画了一个圈。说也奇怪，羊儿便走进圈里乖乖地吃草，没一只走出圈外来。接着，他在每一个小伙伴手里画了一枚通洞钱。说："到了石屏城以后，你们在手上抠，钱就会一文一文出来了，让你们吃到饱。"最后，赫白租从身上脱下蓑衣来，默默地念了念，小蓑衣就变成了

❶ 记载赫白祖诞生的壁画

❷ 赫白祖寨

大席子，他叫小伙伴们都站上“席子”来，闭上眼睛。“席子”腾空而起，向石屏方向飞去。大家只听到风的呼呼声，一会儿就到石屏城了。他叫小伙伴睁开眼睛跟着他走到烧豆腐摊前，大家放开肚皮香香美美地吃了个饱，又逛了一阵石屏城，回到磨盘山的时候，太阳已经挨山，羊儿早已吃饱肚子，一只不少地卧在草坪上。他们赶着羊群，一路打打闹闹回了家。春节过后，赫白租的母亲又生病了，两天没吃饭。赫白租心疼母亲，一大早就来到母亲床前，烧亮火塘后说：“阿嫫，玉溪的米线很好吃，今天是玉溪米线节，我上玉溪端米线来孝敬阿嫫。”说完，带了一个大木碗上路了。不到吃早饭的时候，赫白租端着一碗热乎乎、油噜噜的米线来到母亲床前，一口一口喂母亲。母亲高兴得把一碗米线连汤都吃完，病一天天好起来了。赫白租力气特别大，寨子里的人家盖房子都请他去，竖大柱子、上大梁非他莫属。

平甸乡新来了一个乡官，他派乡丁来到赫白租的寨子里催皇粮，说三天后来挑粮。寨子里的人急得像热锅上的蚂蚁，可赫白租心中早有了主意。清早起来，他拉着一条大牯子牛来到乡丁要经过的水沟边。乡丁来到不远处，赫白租把大水牛背起来在沟里洗牛脚。乡丁看了折头就回去。对乡官说，这个寨子里的彝人力气比牛还大，我们不敢去拿粮。耳听为虚，眼见为实。第二天，乡官带着几个乡丁来到老地方，赫白租早预料到了。他犁完水田走来，正好与乡官碰了个对面。这时节，正是火把梨成熟的时候。赫白租把扛在肩头上的犁头单只手举起来，用犁头尖戳下几个梨来请乡官吃。乡官看了，哪还敢吃梨，领着乡丁跑了。从那以后，他们都不敢到赫白租寨子为非作歹了。离赫白租寨子约两里的山上有一个洞。一天晚上，赫白租看见洞中有光亮，他好奇地进山洞去，看见洞壁上有一个神龛，金光闪烁。他爬上去看见放着一把剑，剑柄上刻着“赫白租用”几个彝文字。他高兴地自言自语道：“这分明是神仙给我的。”他拿起宝剑回家，把它安放在大梁上。

平甸乡又换了一个乡官，听说赫白租有一把削铁如泥的剑，他

垂涎三尺。一天清晨，他叫拢全乡的兵丁，把赫白租的家围了个里三层外三层。他先叫差头砸开大门，喊赫白租交出剑来，不交就定赫白租谋反的罪。不容分说，用棕绳把赫白租捆了起来。赫白租说："几位差哥，我们前世无冤、今世无仇，你们为了混口饭吃，我不愿意伤害你们。"说完，赫白租身子一晃动，拴在身上拇指粗的绳索叽哑一声，全掉在地上了。差丁吓得退了下来。乡官索剑心切，又有点拳脚功夫，便抽出腰间的佩剑刺向赫白租的心脏。赫白租看透了乡官那颗豺狼心。说时迟，那时快，赫白租便从草堆中抽出他那把寒光闪闪的宝剑，先把他的剑砍成三截，又挥剑剁了乡官握剑的手。乡官呼天喊地，乡丁抬着他跑了。以后的日子，官家再也不敢上磨盘山胡作非为了。彝家人明白事理，和往常一样，该交皇粮交皇粮，该上地租上地租。又过上了早出晚归的平静日子。

几年后火把节的夜晚，在烧火把的大草坪上，赫白租对着欢乐的彝家人说："父老乡亲们，今后，官家不会上磨盘山来随便欺压我们彝家人啦。我要到古林深处修炼功夫。要是官家再敢来欺压彝家，我一定回来。"说完，他腾空而起，向敌军山飞去，一脚踩在山腰上，又一脚登到山巅，就看不见了。赫白租留在敌军山上的脚印，今天还看得见。又过了一些日子，一位细心的采药老人发现，在磨盘山的悬崖壁上，有一尊高约三十米的神功仙斧造化的赫白租石像。远远近近的彝族同胞都到石像前烧香、膜拜、叩头，有求必应。

彝家人为了纪念天神赫白租，尊称他为赫白祖，把他降生的寨子叫作赫白祖（寨），把寨子边流淌的小河叫作赫白祖河，前川挂着的瀑布，叫作赫白祖瀑布，把他得到宝剑的山洞叫作赫白祖洞。

赫白祖洞，掩映在古树青青、芳草萋萋之中，常年仙气弥漫、仙风轻拂，洞顶瑞云徘徊。每逢雨过天晴的时候，仙洞的蓝天上空，就会出现一道美丽的彩虹。这当儿，百里磨盘山村寨的彝家人就会指着彩虹骄傲地说，瞧！那是天神赫白祖映在天上的宝剑呀！他没有离开我们，他永远是我们彝家的保护神。

家园涅槃

抛弃满身的疲惫，远离尘世的喧嚣，离开拥挤的都市，到山清水秀的新平来，呼吸着新鲜空气，徜徉杜鹃花海，漫步樱花庄园，你会觉得，中国花腰傣之乡新平，中国樱花城新平，中国楹联文化县新平，中国最美风景县新平，它的时光就像破晓的金辉，不会在流年中变老。

想漫步，就到花间徜徉；想独处，就到静静的平甸河畔小憩；想翻阅历史这本旧书，就到民族广场歌舞。

到新平，看天蓝得就像高原海子的湖，看花灿得就像舞者的身姿。站立山巅，望穿行者的脚步，山鹰盘旋，倒影围着你的脚步一起奔跑。向着绵绵的远山大吼一声吧，让梦想带上天使的翅膀，飞到家园的高度。

在城市的悠闲中幸福着

——新平生活素描之一

新平这座滇中名城，经时光磨砺，熠熠生辉。沿着那一条万米彝族历史文化长廊，把我们带进了源远流长的中国彝族经典历史文化的长河之中，去体察、感受中国彝文化漫长而厚重的历史，走进一个县城文化的大千世界，走进一个民族的昨天与今天。

我每天都是在小鸟的叫声中醒来，虽居闹市区，但一醒来就能听到鸟的叫声，这不能不说是一种幸福。早晨行人很少，城市的车子更多的还没有出行，街道显得笔直宽敞，这个城市笼罩在一片神秘、宁静的苏醒之中。

城区早起的人渐渐多起来，除了那些忙生计的，有越来越多的人到平甸河边晨练。这个干净而平和的城市被自西向东的平甸河分为城南和城北两片区。这些年，河水虽不能自然汲饮了，但仍保持清澈明亮，河道里没有杂质。即便是洪水泛滥的季节它依然不会泥浆俱下。这条源自国家森林公园磨盘山的河水穿城而过，给新平人带来了多少福祉！城因水而灵，山因水而秀，人因水而美，平甸河是新平的母亲河。

经多年的打造，城市中心的平甸河两边镶嵌了世界最长的彝族

文化长廊护栏，达万米，全用一块块的青石制作，一个个中国彝族经典故事绘制在青石上，成就了中国彝文化的洋洋大观。走上这条青石制作的长廊大道，可谓走进了中国彝文化的经典历史长河之中。从人类的混沌时代到盘古开天，从人类的独眼时代到双眼人，从人类的竖眼时代到横眼时代，从彝族史祖的《查姆》故事到今天彝人的新生活，这条世界最长的彝族文化长廊较完整地记录了中国彝文化的历史。如果把它作为一个整体来看，它可能就是中国彝文化的一部经典史诗。有人预言：如果新平今后成了名城，可能不是因为更加发展的经济、政治，而是这条载入世界吉尼斯纪录的长廊。我想这是可能的。在河岸上、河道两侧的大道旁，栽种了南国特有的一排排垂柳，一株株葱茏茂盛的清香木、香樟木、

临水而居的花腰傣，一般都不分男女老幼，在清溪流泉里集体洗浴

万年青，形成一条绿的河带，城市人习惯在这条林荫道上晨练，沿河两岸跑步、健身。早晨的空气湿得就像三月的小雨，树翠得要滴下水，阳光在河面上闪动着晃荡晃荡的金光，在叶面上翻动着忽明忽暗的光影，晨练的人跑过这里，感受到了生命的奇迹。

新平人喜欢锻炼，老老少少，除在长廊两岸锻炼，还到县城的桂山公园、溪湖公园、民族广场、中心花园等六个公园晨练。还到公共体育场所做活动，在城市的大街小巷里跑步，有很多人还到对面的照壁山和东面的小横山上去提水或担水。天还不亮，他们已登到了山上，待天亮的时候，汲水的人已经从山上回到了城市。很多人是赤脚来回的，据说是为接地气，水提回来了，再到单位上班，虽满身大汗，脚底磨起了老茧，仍乐此不疲。

花间赛手

据史料载，新平，意为新近平定的地方。从明万历十九年

（1591 年）建县到现在，也才四百多年的历史，曾属临安府、宁州府、新化州等管辖，几经战乱，几易其主，几分几合，新平城仍无大的变样。历史上，新平曾建过城墙，衙门深居其中，但从如今老百姓叫的“小东门”“小西门”“北门”“南门”位置范围来看，当时的城区也只是近百亩的占地，现在县城的五分之四应是千顷良田。直到新中国建立时也仅是小城一座，其城市规模应不及现今它的一个乡镇大小。难怪如今的新平县城，可供人们看到的历史文化遗迹少之又少，除了保存完好的几幢明清时期的民居建筑外，几乎看不到一点历史文化的痕迹，尽管新平历史上风起云涌，可圈可点的事件层出不穷，但也没有改变新平凋敝的现状，这不能不说是新平的一个缺憾。

记得我第一次到新平城，是 1989 年，因参加高考怀揣着梦想来到这座县城。给我的印象是整座县城只有一条街，农村的土房、瓦房密密麻麻挤满了城区，整座县城乱哄哄的没有一个建设的定位，既不像城市，也不像农村。后来我到了街上的一个同学家，几户人家挤在一个大四合院里居住，庭院深深，雕窗画梁，新漆的大红柱子粗得比石柱还大。旁边还有一幢元安楼，巍然屹立，形同县城的标志。同学告诉我他家住的是大地主李家留下的房子，元安楼也是李家留下的。我听了黯然神伤，在历史的洪流巨变中，有多少人能因世事抽身？特别是独霸一方的李家，投诚了还组织土匪暴动，杀害我解放军战士百人，最后自取灭亡，人去楼空。出门时回首再看同学住的高楼，雕梁窗花栩栩如生，却怎么也闪耀不出金粉的辉煌。

花香沁心脾，怎能不醉

新平抓住了今天的发展机遇，城市发展如雨后春笋。到节假日，有钱的人挤满了茶楼。最热闹的当数饮食文化城和桂秀商贸城，区域不算很大，却挂满了大大小小茶楼的布幡、匾牌，看得出人气的热闹和生意的繁华。来的人肩上大多挎

① 农历正月十三的花腰傣花街节，美丽的花腰傣姑娘期待你的到来

②观众

着小包包，背着烟和钱来玩牌和品茗。这两年，茶市一路飙升，泡壶大树茶都要上百元，班章茶更要上千，不是有钱人谁品这玩意儿？新平的茶要数者竜乡的大树茶、峨毛茶，平掌乡的玉碗茶为最，回甘持久，滑润适度，养颜美容，是千年茶马古道上遗留下来的财富。人们坐在茶室里，轻言细语，或侃侃而谈，边品茗，边谈生意，或感叹短暂的人生、时光，也在这种悠闲自得中变老。

因家人深居其中的缘故，我很得新平茶的滋养，很多时候，我都会在百忙中下楼选一家茶楼小憩。坐在一楼大堂里喝茶，并不需花钱，常常还有一位纤细的姑娘不断地给客人沏茶，并听人们拉拉杂杂地讲城里人的故事，实为乐事！当然也有不愉快时，有人玩牌输惨了，他的老婆找上门来，把个茶楼闹得乱糟糟的，很是烦心。一段时间，我居住的楼旁来了个打工的小媳妇，坐在大堂里边给人沏茶，边抱怨她乡下的男人，说她男人不但不会挣钱还不听她的话，他的男人是个感情骗子，她要离婚了。她这个星期说下个星期要离，下个星期她又说下个星期要离，她仿佛讲了半年，计划离婚上百次，但仍走不出围城。一到双休日，人们还是看到她的男人到茶楼里候她。来喝茶的人们就取笑她了，说她是个新平的"叨三娘"。一时成为人们的笑柄。

大约和地方的民族及当地的经济加速发展息息相关，新平的餐饮业旺及一时。就拿早餐来说，吃米线的人之多，和周边县相比可谓盛况空前。平山路、西园路、桂台路、东进农贸市场、中心集贸市场，各个居民小区和美食城，只要开店的地方早晨都挤满了吃米线的人。米线品种之丰富，作料种类之多可谓别县少有，有牛肉米线、羊肉米线、肠旺米线、清汤米线、杂酱米线、过桥米线、小锅米线、砂锅米线、小罐米线等等。桌子上摆满了切好的芫荽、薄荷、小葱、芹菜、味精、盐、辣椒、酸菜等配料，新平人超爱吃这些香辣爽口的东西，男女老少，一家一户，三五朋友，人们电话联系相约着到喜欢的米线店里用餐，吃饱了才会去上班干活。其中"顺城小吃"可谓新平米线店的老大，他家的米线从五元到二十多

元一碗不等，门面不算大，五六套餐桌支在地下室一样的屋里，光线灰暗，但人们要吃到他家的米线常常要提前去排队，队伍就像一条长龙，把古老的顺城街道占去了一大半路面，这是他家的一道特色和风景。还有城区小团树米线店，要吃到他家的米线也要排长队，一般十多分钟是要等的，但人们还是乐意等到他家的牛筋米线和牛肠米线。如果哪天人太多，米线卖完了，排队的人吃不到他家的米线，整个人当天就会像掉了魂一样，心中空落落的。

三五万人的城市不算大，但新平人却极会过节。春节的爆竹屑还没有扫尽，农历正月十三的花腰傣花街节已来到，这虽然和县城的居民没有多少关系——赶花街在红河谷的乡

湖光山色

镇赶，但还是有那么一些人要风尘仆仆地赶往红河谷里的漠沙和戛洒镇，到那里去看花腰傣约会，并品味那里地道的牛肉汤锅。3 月，赏花节又到了，县城附近的磨盘山国家森林公园的马缨花开得就像燃烧的火焰，这种传说中杜鹃啼血浸染出的杜鹃花迎合了新平彝家人的心理，人们争相到山上赏花、“跳乐”、对歌、品酒，满山的红花象征着城市一年的幸福。玩了赏花节，就到了 5 月的沐浴节，

而后又是7月的彝族火把节、8月的核桃节，加上中国传统的清明节、端午节、中秋节等等节日，新平就像央视第三频道，一年都在节日的欢歌达旦中生活，是那么的快乐、幸福。过节就要演出，常在小花园戏台和民族广场，有时会在会堂，有时在体育场，有的文艺团队干脆就在空旷的场地上拉开演，不要舞台，围观的人照样挤得水泄不通。演出的内容大多是当地排练的民族歌舞，如傣族银铃舞、彝族烟盒舞、哈尼族棕扇舞等，也有滇戏、花灯和洞经。历史上，新平就是滇中戏曲发达的地方，民间曾流传着这样一种说法："元江歌舞新平戏。"形容的就是这两地文艺的繁荣。在今天的新平城，干部群众天天可以到戏台看戏和唱戏，各文艺团体有二十多个，专业和业余演员有上千人。

晚饭后，城区的各个公园、广场人声鼎沸，排山倒海的民族健身舞和文艺演出活动开始上演，沿桂台路走到平甸河畔，再顺河来到民族广场，一路都是出来走动和晚练的人。就像老百姓说的一样："城市人少吃些，吃撑了又要到路上跑步消化！"真可谓滑稽。广场上，成百上千的人穿着民族服装，和着当地的民

❶ 闲坐山中，不知山外岁月

❷ 花街夜市

乐在一圈一圈地舞蹈，彝族三弦舞、四弦舞、烟盒舞，傣族傣雅舞，在这里合凑成一个快乐的大家庭。再沿广场往上走，是一些上山的石阶，公园的假山、乱石、瀑布、草甸、脚灯纷乱迷离，幽深静谧，县城著名的“五彩云楼”就矗立在高高的山顶，弯弯的月亮就像楼的一个檐椽角悬在半空，月亮的背面，天空蓝得就像汪洋的海，这是怎样的一种诗意！到得山顶，回看青山薄雾中的新平城高楼林立，欣欣向荣，神奇静谧，尽收眼底。选一长凳静坐，夜色就像一块幕布从城市向山合围过来，城市的万盏灯火就像星辰一样渐渐明亮起来了。夜越深，灯光就越亮，从南郊的桃花岛到城东的太平桥，从城南片区到城北片区，城市的灯火照亮了街道、公园、民居，照亮了一路向东的平甸河水，照亮了城市人的心，我这颗夜色中不安分的心也渐渐明亮了起来，生活在这座城市，扎实幸福！

徜徉花间，一座城市不会在时光中变老

——樱花城生活记（新平生活素描之二）

每年春天，从县城到磨盘山樱花庄园，几十万株樱花竞相开放，绚烂浪漫的樱花烘托出了一个繁花似锦、盛世新平的和谐景象。人们来到樱花树下赏花、品酒，谈情说爱，踏青照相。樱花，成了新平城市生活不可或缺的重要部分。

春天来到新平，你会发觉这座被群山环抱的县城，被樱花簇拥在摇篮之中，从城南到城北，从街市到公园，从樱花大道到农家小院，到处开满了绚烂多姿的樱花。白的像雪，红的像霞，粉红的像孩子红扑扑的脸蛋，在春风中摇曳出千姿百态，那柔软而曲直的枝茎，仿佛孩子手中把玩弹性极好的橡皮筋，又仿佛像牧羊人手中的鞭子，嫩枝一闪一闪地顶着妖娆绚丽的花瓣，在城市的来来往往中绽放出一个雍容绚烂的春天。

樱花，这个起源于中国的本土树种，距今已有两千多年，为何会在新平发扬光大，使新平成为樱花城市，这还得从新平国家级森林公园引种樱花树说起。记得我小的时候，一到春天，新平哀牢山一带的山岭间就会开出一些粉艳的山花，一树树、一簇簇点缀在山间野岭，公路旁的山上，粉红粉红的开得那么艳丽，让过往的人喜爱极了。懂行的人说："那是樱花，野樱花，花开得早，只要一翻年，哀牢山气温一回升，它就在山野怒放了。"有人把野樱花一簇簇采回来，插在家里的花瓶里，孩子们喜爱极了，围住花瓶唱歌、跳跃，一大个家院，因为樱花的绽放，很是能高兴一阵子。我熟悉樱花，就是因为那时候我的母亲，她常常在出工回来的路上折些野樱花回来，插在我家饭桌的陶瓶里。母亲用清水泡花枝，她就像呵护我们一样耐心。每早梳妆打扮完毕，她总要低头去看看陶瓶里的清水干了没有，然后又用葫芦瓢掺满，她才放心地去出工。开始我老是记不清樱花，总会与山间前后开放的桃花混淆起来，认为它们是那么相像，就连树干都极为相似。后来还是母亲的细心指点，我才区分出了樱花的妙处。樱花绚烂华丽，不像桃花一样艳而朴实；樱花枝干修长滑直，桃树虬颈通幽。如果说桃花是位来自沾满泥土气息的乡间艺人，那樱花则是来自宫廷王室的粉黛佳丽。正因为樱花的绚烂迷人，几年前，投资开发新平磨盘山国家级森林公园的老总在景区内引种了几十万株樱花，建成了樱花庄园，从而带动了新平樱花城市的发展。新平县城距离磨盘山景区仅 29 千米，在县城种植樱花和景区连成一片成了新平城市建设和旅游提档升级的大手笔。一时，几万株樱桃树落户城市，并把沿路栽种的樱桃树和磨盘山樱花庄园连为一体。新平用强劲的经济支撑，完成了一个城市的和谐变脸。2014 年 3 月，首届"中国新平樱花节"在县城开幕，从县城到磨盘山樱花庄园，几十万株樱花竞相开放，这种绚烂浪漫的樱花烘托出了一个繁花似锦、盛世新平的和谐景象。一时万客来潮，人们来到樱花树下赏花、品酒、谈情说爱、踏青照相，樱花成了新平城市生活不可或缺的重要部分。

新平人喜爱樱花，生活离不开樱花已渐渐成为一种习惯，崇尚樱花已成为一种追求。虽然樱花是云南的本土树种，新平人对于樱花已不足为奇，但今天引种的樱花已不是过去山岭间开放的苦樱桃，而是通过培育种植的特有品种，是由云南樱演变而来的樱花，

花由单瓣变重瓣，色由淡粉红色变深粉红色。这颜色与同为观赏度很高的日本樱花相媲美，日本樱花的花多为淡粉红色，而新平的樱花深粉红色、淡粉红色齐备，品种达几十个，花瓣以复瓣为主。每年二三月间樱花期绽放之时，樱花成为新平人的象征。那一团团绽放的樱花就是新平人的笑脸，那一株株摇曳的树就是新平人迈步向前的身姿，那繁花似锦的怒放就是新平人充满自信的心情。当一株株樱桃树实实在在地栽到了自家的庭院里，当一树树樱花实实在在地在自家门前绚烂，当一年一度的樱花节万人来潮，新平人似乎还没有从花间睡醒，人们似乎还不敢相信只一两年时间，传说中只在异国繁花似锦的樱花已盛世新平。你看，早晨起来，三月里的樱花已经悄然开放，开得如火如荼。翠绿的枝叶，沾有清晨的露珠，在柔软的阳光下闪闪发亮。满树烂漫的樱花林，透出了一股甜美的气息。从远处看，如云似霞般炫目，不时引来一只只彩蝶绕花盘旋，花掩蝶蝶恋花，两种景物融为一体，时常迷得人们抱着胳膊趴在房顶上暗暗陶醉。

新平人种植樱花也积累了经验，以景区景点、广场公园、城市街道和公路沿线为重点，规划连片种植，点、线、面连

樱花大道

为一体，原来宽阔笔直的新平大道，在栽种过程中不知不觉变成了樱花大道；原来的工业园区，不知不觉建成了樱花园区；原来的磨盘山公园，建成了樱花庄园；原来城市道路的景观树，在规划中变成了樱花树，原来的各城市公园，变成了樱花公园。赏樱花、品樱花，在樱花树下浪漫成为新平春天温澜潮生的梦乡。新平人建了新房、迁了新居，都要在自家的房前屋后栽上樱桃树，或在堂院里种上一两株樱桃树，大家都喜欢移栽树干大的，一次见效。如果栽时树干就有人的手腕那么粗，只要一成活，翻年就可以开花。开春了，家家庭院里新植的樱桃树墨绿墨绿的，主人就看到了希望。渐渐地就在枝条上绽放出花蕾，慢慢地又绽放出绚烂的花朵。初开时哪怕开得并不好，仅一两枝，依然掩饰不住春的讯息和主人乔迁新居的激动。有时一棵樱桃树也并不一定要开花多少，樱花从新居的墙头探出粉嫩的笑脸，仅一两枝，依然还是那么绚烂，与新农村光洁的墙壁相映成趣，让人感觉到主人的富足和时光的温馨。

新平人喜爱樱花，从而把城市打造成为“中国樱花城”。据日本权威著作《樱大鉴》记载，樱花，起源于中国，原产于中国喜马拉雅山脉。被人工栽培后，这一物种逐步传入中国长江流域及中国西南地区，以及台湾岛。秦汉时期，宫廷皇族就已种植樱花，距今已有两千多年的栽培历史。汉唐时期，普遍栽种在私家花园中，至盛唐时期，从宫苑廊庑到民舍田间，随处可见绚烂绽放的樱花。当时万国来朝，日本深慕中华文化之璀璨以及樱花的种植和鉴赏，樱花随着建筑、服饰、茶道、剑道等一并被日本朝拜者带回了东瀛。

樱花已成为爱情和希望的象征。新平人生活在樱花城市，朝朝暮暮，每天都和樱花为伴，聆听花开花落的声音，每天都能看到很多情侣在樱花树下聊天、谈心，拍婚纱照，看孩子们穿过樱花路，一路唱着歌去上学，看三两个老人在樱花树下沉默。樱花的花瓣渐渐地飘落下来，新平樱花城市的生活就像大家笔下的童话一样绚烂，就像滚滚红河一样波涛汹涌，就像连绵哀牢一样苍茫起伏。现在，樱花城的人打开门就能赏到美到极致的樱花，关上门也能听到

❶ 城外桃花红

❷ 春光无限好，赏花正当时

堂院里樱花盛开的声音。如果在花下品酒，花瓣落到酒樽里就是一种荣耀，如果在树下拍婚纱照，花瓣落在新人的头上就是花好月圆，大地飞歌。在新平民间流传着这样一个故事：樱花是樱花树上的妖精，她看到树下的情侣这么甜蜜，就离开花树下来寻找自己的另一半。樱花在人群中寻自己的另一半，找了好久好久，当她想放弃而回到樱花树上时，他出现了。他开始为她带来快乐，他开始照顾她，他们一起聊天到深夜。这才得知他是从遥远的国家来到了这里，樱花听了，知道，他一定会走的。樱花为了珍惜这段时光，她每天都和他相遇在樱花树下，天天聊天……但是，好时光总是短暂的，他来和樱花道别了。樱花虽然早有准备，可还是禁不起这个打击，她背对着他，只说了一个字“哦”。他走了，在茫茫的路上。樱花一个人在樱花树下哭泣着，樱花的花瓣为了安慰她，而飘落下来，微风吹过，满地的花瓣飘了起来，樱花哭了几天几夜，最终还是决定她该回到树上去了。她看着樱花树，想道：我是樱花的妖精，我最终是樱花树上的一片花瓣，最终只能看着别人有情人终成眷属，自己是不会得到幸福的……就这样，她消失了。有人说，她回到了树上；有人说，她因为过度的失落，而化为花瓣，随着风一起去寻找他了……几年后，他竟然回来了，他来到当初约定的地方，寻找她，一直没有找到，他失落了。原来，他回来是要告诉她，他已经爱上了她。当他听到城里人的传说时，他知道一切都晚了，他在樱花树下发誓，希望所有有情人都能终成眷属，不要再有谁像他一样错过了……这次，他再也没离开樱花树了，他沿着樱花城还在一株一株地寻找着她的身影……

春天，新平的樱花仍然在绽放着，许多情侣为了这个传说而来到这里，见证自己的幸福。不知道是命运的安排，还是樱花转世投胎成了世人，人们来到樱花树下，总觉得这里的樱花似曾相识。风突然刮了起来，花瓣瞬间吹过，人们纷纷打开帽子，要接住一树的花瓣。

雕在一条河上的史诗

长河霞韵，八千长廊载史事；三千浮雕，铸就远古彝族，英雄的传说。长河流金，彝家民谣诉春秋，几度风雨论英豪……史事风云，飘浮英魂无数，又是一曲悲壮的歌！

用三年时间，新平创建一条8000米的彝族文化长廊，把彝族5000年文明史浓缩展示在平甸河两岸的长廊上，组成3317幅浮雕，这可以说是新平人的创举。建此长廊以丰厚新平彝族历史文化底蕴，为新平打造旅游文化名片奠定基础。护栏展示了彝族经典文化，创建彝族石雕文化之首，以此凸显新平民族文化的亮点。如此恢宏气势的彝文化浮雕，乃属世界之首。2012年完工后被中国世界纪录协会授予世界最长彝族浮雕文化长廊的荣誉称号。长廊在霞光的余晖里，在平甸河的波光浪影里，陈述着彝族远古的故事，让游人知晓远古彝族历史、天文、哲学、史诗和远古的彝族原始宗教……

平甸河——新平的母亲河，她记载了太多的故事，彝王赫白祖曾诞生于此河的上游，他的童年就飘荡在河水的浪花里；他的彝家军也常来往于平甸河两岸，使官兵闻风丧胆。

浩瀚博大的彝文典籍

几个世纪后，一场更大规模的彝族起义，就在平甸河两岸酝酿并暴发，最后震惊朝野。它就是明朝万历十八年（1590 年）磨盘山丁苴彝族普应春的起义。普应春聚十万彝军与朝廷抗衡，使万历皇帝朱翊钧震怒，派朝中名将邓子龙镇压……发生于新平的许多历史事件及民间传说，都情系平甸河。

三千三百余幅彝族人文浮雕，用青石雕成一组组彝族经典故事。浮雕分为史事史籍、创世神话、英雄传说、爱情故事、宗教礼义、彝族风俗等六大部分。后来又加入彝族经典故事、爱情神话、彝族史诗、彝族支系山苏人的生活现状等内容。在其内容编辑和雕刻上，我们遵循远古彝经《三皇五帝年表》中所叙述的希遮慕、笃慕时代，至六祖分支向南扩张等彝族史迹，其中还荟萃《查

❶ 世界纪录协会给时任新平县长的普昌文颁发证书

❷ 证书

姆》《梅葛》《阿细先基》《五色马》《阿倮的故事》《彝王赫白祖》《彝族英雄普应春》《太阳金姑娘和月亮银儿子》《阿诗玛》等史诗和传说故事。如此画面的展示，浮雕按史料循序渐进，做到叙事说人、立意深远。浮雕突出经典故事中的亮点，以经典彝族故事激励人，有很高的文史价值。长廊浮雕是笔很好的文史财富，为今后彝族历史文化的研究、考察，留下了不可多得的依据。从城东工业园区迈向纳溪村，在阅览彝文化长廊的数千幅彝文化浮雕时，人们内心深处激起一种跨越时空的感觉，那些古彝人耕耘、征战、迁徙的影子，从脑海中掠过。从彝族史事的角度，看平甸河两岸的彝族文化长廊。太平桥上雕琢的彝族烟盒舞“查罢叠夺”调，沿岸而上的“五色马”“者巴”“阿拜智斗猛虎”“阿倮故事”“赫白祖”“阿姐丕且莫”直至小河边大桥，彝族天文历法及父子连名制、彝族的“十月太阳历”“十二兽历”“星月历”等都呈现于护栏上，以此叙述日月星辰的运行和时光交替……浮雕第三期工程位于太平桥下游，采用七百余幅浮雕，再现经典故事《凤凰记》《阿依姑娘》《阿发若滋，布达若尔》等。另外，浮雕还用相当的篇幅叙述“山苏人”的生活现状。山苏人在党和政府的关怀下，彻底改变了旧社会衣不遮体、房屋破烂、食不果腹的状况，在当地党委、政府的领导下实施了安居工程，使彝族山苏人的家园发生巨变。从长廊浮雕里，人们看到了彝族历史踪迹的漫漫长路……彝族文化长廊，是把彝

❶ 博大精深的彝族文字

❷ 雕在一条河上的民族史诗

❸ 把彝族文化雕在护栏上，让小城一下子就具有可读性

❹ 晨光中的城市在彩梦中醒来，新的一天已经开始

族历史文化进一步实物化，它把彝族先祖的史诗、故事、天文、哲学等展示在长廊上，用很直观的手法，向人们讲述彝族的历史文化、宗教哲学。而我们在霞光里审视长廊上三千三百余幅浮雕时，思绪随之迈入浩瀚的历史天空。我们仿佛看到彝族先贤阿轲、先祖笃慕，还有那些为彝族历史铸就辉煌的阿倮、阿巴八、阿拜、者巴等英雄豪杰。他们虽然消逝在时光的岁月里，其事迹却永远铭记在后人的心中。他们的智慧、果敢、正义及大无畏的牺牲精神，激励着后人前行的步伐。

凝视彝文化长廊之经典，赏阅数千幅浮雕，让阅者赞叹，让观者感慨，使思者在回味中找到生命意义之所在。我们穿行于彝文化长廊浮雕，恰似踏上深研彝文化的漫漫长路，寻觅到开启智慧与知识的金钥匙。因此，数千米彝文化长廊浮雕，是探究彝文化知识领

③

④

域的路标。我们前行在青灰色的长廊上，在夕阳的余晖下，波光闪烁的平甸河。就在那浪花的皱褶里，透视出彝族英雄们的身影，他们奔忙在征程里，其无畏求索的精神，永远激励着后人前行的步伐……

大家内心深处泛起一种崇敬的感觉，彝家先祖们的搏击，不畏艰难的跋涉，在人们心中积淀。凝聚成小诗，讴歌这彝族文化长廊的绚丽与壮观。诗云：

刻在石上的彝族谚语，是彝文化的一份瑰宝

八千长河映日月，五千彝史诉古今；
笃慕创世开天地，六祖征南建功业；
披荆斩棘苦征战，共建彝邦南诏郡。

一代豪杰争高下，指点江山论英雄；
赫白祖、普应春、鲁氏双雄，
他们挥洒热血，把历史的天空染红，
以英名谱写彝族历史的华章。

经典民谣凤凰记、太阳金姑娘月亮银儿
子、阿诗玛；
叙述那些远古的爱情故事；
教化彝人孝道、忠贞、正义，
正是如此文化的根，
让这个民族，把历史延续至今天！

此诗是对彝族文化长廊的深度概述，人们敬重彝族先哲笃慕的无畏与进取精神，更敬重追随他的诸位酋长、头人。正因为他们凝聚在笃慕的身边，相信他提出的信仰，才使这个民族走到终点，取得胜利。

名家墨宝赞新平

——新平“中国楹联文化县”熠熠生辉

县城的五大公园像五朵鲜花，朝朝暮暮盛开，日日夜夜散发着芳香。山外人慕名新平公园，向往神秘哀牢山，心仪风情花腰傣，纷纷走进新平，倾情赋诗，欣然题词，命笔书匾，挥毫作联，为新平的“五朵鲜花”添色彩，为新平的山水增亮度。各路精英驻足新平，留给新平的墨宝，令游人乐不思归，新平因墨宝名扬四方。

新平县城，坐落在新平胜境“五桂联芳”之麓，名叫桂山镇。镇内和近郊有五大公园，它们是龙泉公园、桂山公园、河滨公园、花山公园、溪湖公园。新平人走出家门便可坐拥绿荫，散步花间，聆听天籁，享受天人合一的幸福岁月。

新平的五大公园像五朵鲜花，朝朝暮暮盛开，日日夜夜散发着芳香。山外人慕名新平公园，向往神秘哀牢山，心仪风情花腰傣，纷纷走进新平，倾情赋诗，欣然题词，命笔书匾，挥毫作联，为新平的“五朵鲜花”添色彩，为新平的山水增亮度。各路精英驻足新平以后，留给新平的墨宝，令游人到了乐不思归的境界，而新平也借精英们的墨宝名扬四方。

在龙泉公园，中共云南省委原书记普朝柱，欣然赋诗。

中国楹联学会会长孟繁锦撰写的对联

登龙泉高瞻县城，
四十年变迁，
慨而慷！
幢幢高楼拔地起，
各族人民奔小康。

云南省人大委员会原主任尹俊挥毫题匾“龙泉泽邑”。

一代儒官，云南大学原校长、中共云南省委原副书记高治国为“龙泉公园”书写匾额。

云南省书法家协会名誉主席孙太初用真草隶篆四体汉字为龙泉公园的大钟楼写了“大钟楼”悬挂四方，让龙泉公园提高了品位、增添了声誉。

中共新平县委原书记，官至云南省教育厅厅长，书法家罗崇敏登大钟楼听到大钟楼的钟声悠扬远播，此时正值香港回归之际，写了“回归之声”四字。此外，罗厅长还在龙泉寺用行草书写了“为民营春”匾额。其中，“为民”二字与“营春”二字格调截然不同。“为民”二字用字体悬殊的方法把官民关系表现得惟妙惟肖。“为”字高高在上，“民”字俯首于下。“营春”二字，又像公仆秉烛通宵，为民谋划美好的生活而辛勤劳作。一副匾额，两字一体，各有侧重，整体观之，珠联璧合，罗崇敏巧妙地把“当官的责任，就是为民办好事”的思想表现得淋漓尽致。

更有一绝，新平县原副县长戴叠行在龙泉公园的龙泉池北侧，长廊两端小阁上的题字。东边题了“山香阁”代表彝族；西边题了“水秀阁”代表傣族。二者合起来就蕴含了“彝族傣族自治县”之意。而代表彝族的“山香阁”三字中，“香阁”二字活灵活现地画出一对彝族青年男女的恋爱图。“阁”字就像一位彝家少女长发披肩、长裙拖地在房中梳妆打扮。而“香”字则活脱脱像一位彝家小伙，弯着腰在

房外偷偷地窥探自己的心上人。那副憨厚滑稽的样子，真让人忍俊不禁！而“水秀阁”三字，戴叠行又花了许多心思。这三个字就像三位劳作归来后在水边嬉戏的傣家卜少，筒裙飘逸，体态婀娜，倩影迷人。

花山公园，是新平公园古老之最。园内有一块巨匾，乃神仙之笔。传说，平生潇逸，喜欢游山玩水的八仙之一的吕洞宾，听到七彩云南有个五花山的新景点，便悄悄离开仙友来到了五花山上空，俯视五花山。看到五花山果真鲜花烂漫、景色迷人，可花山大庙里却传来阵阵长吁短叹声。吕洞宾掐指一算，原来这些长吁短叹声是文人墨客们为写不出满意的字发愁而叹的。吕仙落下祥云，降落在五花山麓，正好遇到了一位到城里卖炭回家的彝族山苏人，计上心头，摇身一变，变成了一位身穿羊皮短褂，用扁担挑着一对炭箩的山苏人，赤脚叭叽地走进花山大庙的正殿里。吕洞宾问道：“老爷们，看你们都满脸愁容，长吁短叹的，究竟什么事难住了老爷们。”墨客们都把目光停在了“山苏”身上，看他一脸栗炭灰，头

名家所撰楹联为新平公园添内涵

发乱如麻，双手长满老茧，一双赤脚，都对“山苏”鄙视不屑。其中有一位墨客讽刺道：“现在我们要的是心灵手巧的猴子爬树，要不着笨脚笨手的老牛犁田。”另一位墨客也接着说道：“看你这副模样，肯定没有读过一天书，没写过一个字。你说说，你肩头上的扁担掉在地上是个什么字？”“山苏”不管墨客们如何冷嘲热讽，执意要写字。站在旁边的周县长听了，一锤定音，就让“山苏”写写试试吧！

“山苏”没有动桌子上的笔墨纸砚。他不慌不忙地走进热气腾腾的厨房里，从锅边拿了一把洗锅把，顺手从灶上端了一个空瓦盆，倒了半盆米汤，又到灶门前抓了几把冷灰放进米汤里，用洗锅把搅着便来到了大殿上。“山苏”以洗锅把为笔，米汤灰为墨，直接在匾上写了“威震华夏”四个大字。这四个大字飘逸如仙、畅遒洒脱，不乏铁骨铮铮。而最奇怪的是，“山苏”的“墨”迹所到之处，都恰到好处地凹了下去。那“墨”色由灰渐渐变成金黄，在夕阳的照耀下金光闪

别有特色的门匾为龙泉公园添风采

❶❷名家画新平

❸新平县原副县长戴叠行所题写匾额

❹原中央统战部的张东亮所写的匾额

闪。当人们赞赏神奇字的高潮过后，来找“山苏”时，哪里还找得到“山苏”的踪影呢？

新平的溪湖公园碧波荡漾，三层高的飞椽彩阁，醒目地立在溪湖北岸的入口处。它的后面有新平八景之一的“团山叠翠”美景之称的小团山，前面有同为新平八景之一的“五花衬霞”丽景花山公园。东面有新平八景之一的“照壁旭日”赞称的照壁山，湖中一条白色的“玉带曲桥”横卧在“红莲漾波”之上，两岸火红的杜鹃花如火如荼。

钟灵毓秀城色八景皆入画

绘丹饰青楼阁三重绕祥云

这是对溪湖美景最好的概括，而用如此精粹的联语把溪湖美景描写得入木三分的是曾任中共新平县委书记的吴伯平。

彩阁一楼正南门前的楹柱上，悬挂着新平县县长李丁全撰联，云南书法家协会副主席孙源用隶体书写的一副佳联。

袖舞清风入佳境，且看芙蓉出水

胸怀梦想上新阶，但能黎庶舒心

撰这副对联的时候，李丁全县长刚到新平，他用这样一副对联勉励自己要保持“出淤泥而不染”的廉洁品格。同时又怀着新的梦想，希望新平的经济能在自己的努力下再上新台阶，让老百姓都过上幸福的生活。

彩阁一楼东南面楹柱上，悬挂的是新平县原县长普昌文撰写，云南省楹联学会副会长何可钦用隶书体写的一副楹联。

眺远且凭高，最喜新城浴日，团山叠翠

政余偶驻足，是怜碧水漾金，彩阁披霞

西天
龍泉勝境

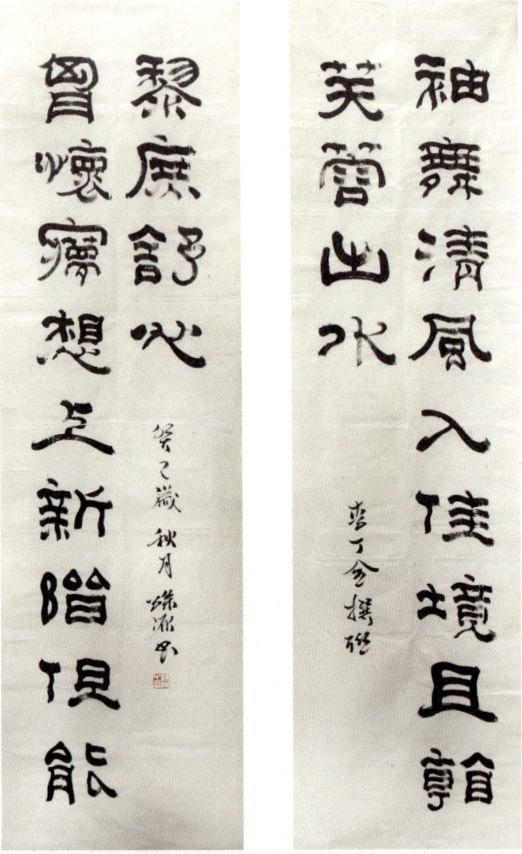

新平县县长李丁全撰联，云南省书法家协会副主席孙源书写的对联

普昌文在新平县任县长期间，一直公务繁忙，偶尔抽得半刻闲，登上彩阁，凭栏望远，看碧水漾金、团山叠翠、彩阁披霞，远山近景尽收眼底，感叹溪湖的美景新颜，命笔撰联，难能可贵。

在彩阁一楼北门前侧的楹柱上，悬挂着中国楹联学会会长孟繁锦的一副楹联：

满苑儒风临水鉴
一楼清气仗天心

2013 年 4 月，孟繁锦亲临新平考察“中国楹联文化县”创建工作，没来之前，他一直觉得楹联这种来自中原地区的文化精粹，新平这样一个边疆少数民族地方，不会有大的建树。可当他来到新平，看到美丽的新平竟然会有如此深厚的楹联文化底蕴时，倍感吃惊，欣然撰写了这副对联。孟会长把溪湖园中“魏徵妩媚”“岳母刺字”这些儒家的传统思想，都做了高度的概括，也在这副对联里充分肯定和赞扬了新平这个少数民族自治县传承中华优秀传统文化所做出的成绩。

随行考察新平“中国楹联文化县”创建工作的中国楹联学会常务副会长叶子彤、中国楹联学会领导董汝河、云南省楹联学会会长宁志光等文化名家也在震惊和感叹之余纷纷写下一副副楹联。

叶子彤所写为：

阁上钟声惊翠醒

楼头月影映烟空

著名作家张笑天挥毫题字

云南省书法家协会名誉主席孙太初所题写匾额

董汝河所写为：

诗礼长传，谁倚楼台寻旧迹
湖山不老，天开画卷嵌新平

宁志光所写为：

摘一天星辉其华构
占千仞上拓我诗怀

县城小花园，是新平县最有文采的地方之一。除了人脉旺盛而外，文气蔚为壮观。一条贯穿花园南北的文化长廊，诗馨联灿，文采飞扬。在长廊北端，挂着原中共玉溪地委副书记文元有撰，云南省楹联学会副会长何可钦用隶书体书写的联：

二十年革旧布新富民殷成兹乐土
一百里山雄水丽物丰矿宝我豪情

❶ 一代儒官，中共云南省委原副书记高治国所书写匾额

❷ 中共新平县委原书记、云南省教育厅原厅长，书法家罗崇敏所题匾额

在长廊中段，悬挂着云南省楹联学会理事张芳畅撰，书法家马兆琴用行草字体书写的联。

同奔小康，岂止傣寨情浓彝村花好

敢称大美，自然苍山如海绿浪连天

在长廊中上段，有剑川人王宝镜先生用楷书撰写的名联。

集众志以成城，百折不挠，斩荆棘，辟蒿莱，蔚此大观，诸君子把酒凌虚，今日勿忘当日事

得英才而教育，一心求进，左弦歌，右图史，修成德业，趁闲时凭高望远，前人期待后人来

桂山公园，又名小漠沙公园。湖水清澈，两岸杨柳依依，是新平人民休闲娱乐的好去处。

张佩琼所写为：

清风四季开画卷

绿水一泓泛琴音

除了新平五大公园之外，戛洒镇的楹联一条街是新平楹联的又

一大亮点。花街上共悬挂着247副县内外当代楹联家撰写的名联佳作。其中，最著名的有云南省楹联学会理事、书法家赵浩如先生为花街大门题写的一副名联。

槟榔翠盖，戛洒绿滩，又一处五陵源境，且再看，傣家儿女，正轻歌曼舞花腰秀

新乡古镇，琼楼美甸，召万千四海嘉宾，疑误入，天宇神宫，有民族风情茶味浓

戛洒花街水岸的入口处悬挂着原中共玉溪市地委宣传部部长、玉溪市老干部诗书画协会理事长洪炎德先生用篆字书写的名联：

哀牢山，礼社水，岳秀流长，蔗粮茶果，物产丰收绕四季

新平县，桂山城，地灵人杰，彝汉傣哈，民族团结永千秋

其联，创作水平高，表现手法妙，在众多的名联中不可多见。

新平楹联自民国至今，张东亮、姚茂臣、孟繁锦、叶子彤、宁志光、秦式儒等，本土书法家杨本芳、马太元（教育家）、王彦臣、王绍尧、朱明、尹明伟等356位作者创作的2614副楹联作品，陈述千端，概括万象，集思想性、艺术性、趣味性于一体。新平楹联，抒情山水。民族绚丽多姿，感怀人文历史，异彩缤纷。2013年8月1日，中国楹联学会把“中国楹联文化县”的牌子挂在五桂山下，是国家对文化新平的高调喝彩。

美哉，新平墨宝。

妙哉，文化新平。

❶ 中国楹联学会秘书长胡春奎题字

❷ 中国楹联学会会长孟繁锦在戛洒花街水岸看楹联

醉在花间，千桌万人磨盘宴

醉在花间，美丽的彝族姑娘，唱着敬酒歌，豪爽的彝族汉子，说着祝酒词，来到桌边，与你共对酒歌，一起饮酒。来自天南海北的人们，从陌生到熟悉，共聚一席，大块吃肉、大碗喝酒，岂是“畅快”二字所能形容的！

新平的春天一向来得早，寒潮刚过，那些耐不住寂寞的花儿，尤其是栽种在新平县城及磨盘山国家森林公园的樱花，就像是孩子手中已经引着的鞭炮，“噼里啪啦”以铺天盖地的势头，把整个新平县城及其磨盘山森林公园笼罩在了一片粉红中。刹那间，万亩吐妍的樱花，让新平一下子变成了樱花花海。

此刻，这个有了“中国樱花城”美誉的小城，也暗香浮动，正紧锣密鼓地准备着新平彝族同胞的一场美食盛宴——千桌万人磨盘宴。

磨盘宴，一开始只是彝族同胞的盛宴，但随着这个宴席在2010年以千桌万人的规模，以最多的人在同一时间、同一地点、同时就餐，体验民族风情和美味佳肴，被中国世界纪录协会认证为世界最大的宴席，它已经成为代表新平的特色宴席，也是中国特色的民族宴席，从而也由一开始的磨盘宴三个字演变成了现在的千桌万人磨盘宴。

随着节日的临近，新平越发热闹起来。借着赏花名义窥探着这场美食盛宴的人，早早就把县城大小酒店抢订一空。樱花大道上随处可见手牵着手的情侣、相互搀扶的老夫妻，粉红的花瓣在他们头上随风飞舞，一幅画瞬间定格在人们心中时，不由让人想起："执子之手，与子偕老。"

去磨盘山的路上，已经爬满了各种大大小小的车辆。磨盘山，因山体形如磨盘而得名，它是新平彝族同胞的圣山，也是举办磨盘宴的地方。磨盘山位于新平县城东南部，距新平县城 20 千米，占地 7232.1 公顷，海拔 1260 米至 2614.4 米，公园内常年百花盛开，四

时景观秀美。春天，杜鹃、山茶、含笑、报春等山花相继开放，争奇斗艳，构成了烂漫的“花海”奇观。夏季，绿荫湖水、翠山倒影、碧波潋滟，形成“人在画中，山在水中，水环山行”的山水风光。秋日，红、黄、绿叶点缀山野，层林尽染。冬春，满山雾气蒸腾，瑞气彩云，可以观赏到变幻莫测、海市蜃景的雾海奇观。磨盘山除了近八千亩上千年树龄的马缨花、上万亩的灌丛杜鹃、山茶、含笑等野生花卉外，还种植了万亩近十万株云南樱。

磨盘山的樱花树下，一字排开的千张用竹子编成的簸箕桌子，围成圆心形，如磨盘有序地摆放在撒满翠绿松毛的地上。一排排围成圆心的桌子，就像是欢乐的彝家人手拉手跳动的烟盒舞，形成了一道独特而壮观的风景。

一个人就餐是品味，一家人就餐是团聚，那万人共餐就是盛宴。在千张桌子上面，一株株樱花开得正艳。别看樱花树在别的季节很不起眼，可一到这个时节，这些光秃秃、旁逸斜出的枝条，仿佛一夜之间就获得了无限生机。每一根枝条上都缀满了粉嫩粉嫩的花朵，盛开的樱花一般都是五个瓣，中间有长长的花蕊，花蕊一般都有九到十根，像漂亮的黄豆芽。它们一堆堆、一层层、一簇簇挤在枝头上，蓝天下，微风里，它们随风摇摆着枝头，向世人展现着自然的无限魅力。

桌子上，自然少不了新平最出名的戛洒牛肉汤锅，正宗的戛洒牛肉汤锅，用大锅把整头牛的牛肉、牛肠、牛脚、牛舌等杂碎大块混在一起煮，等熬煮四个多小时后，可以根据自己喜欢的部位从汤锅里捞出来，配上用新鲜小米辣、花椒、薄荷等十多种调料制成的蘸水，特殊的香气驱除牛肉腥味的同时让汤锅作料香气大增，让戛洒汤锅能在唇齿间碰撞出美味的火花，让八方宾客为之垂涎。

地处哀牢山主峰地带的新平县阳光充足，气候温和，雨量充沛，土质肥美，植物种类纷繁，可食用的植物颇多，具

一个人就餐是品味，一家人就餐是团聚，万人共餐就是盛宴

有“百花百茎”都是菜的说法。深居大山的彝族，靠山吃山，尤其是在这种花开时节，野生的芭蕉花、木通花、大百花、树花、金雀花、苦刺花、黄花、棠梨花、马耳朵花、地莲花……这些鲜花拿来生吃、滚汤、干炒、凉拌、腌制、煮粥……无所不食。所以在“千桌万人磨盘宴”上又怎么可能少得了这道独具本地特色，用鲜花做成的菜，那金黄里透着鲜红辣椒汁凉拌的是树花，那雪白的碎花又配以绿绿韭菜的是大百花，那金黄却缀着点点白的薄饼的是苦刺花，一种花可以有多种做法，要不是桌子太小美食太多，新平人可以用这些鲜花做出一大桌百花宴。

热情的彝族同胞正身着民族盛装在跳舞助兴

那白里透着红的肉是新平彝家很有名的腊肉。新平的彝族多居住在哀牢山中段，有得天独厚的气候和自然优势，是加工生产火腿、腊肉的理想之地，哀牢山火腿、腊肉选用本地土猪，饲养时用山草、苞谷、米糠、豆类等，山地放养，饲养周期为两年，不喂配合饲料。土猪宰杀后用后腿和三线肉，用古老传统方式，先以盐巴腌制 15 ~ 20 天，水压干，再置阴凉、干燥、通风的农家火房楼上烟熏 3 个月即成。切开肌肉呈玫瑰色，脂肪雪白，肉质滋嫩，清香味浓，香气四溢，透人肺腑，皮酥脆，肥肉入口即化。

腌菜炒肉，在新平可以说是一道地道的家常菜，常被外地人称为舌尖上的美味。新平酸腌菜色泽金黄、块大体长，吃到口中嫩脆滋润、酸甜适中，食之便唇齿生津，酸辣之味直通五脏六腑。“吃尽鱼虾嫌油腻，馋涎新平酸腌菜”这话说得一点也不过。腌菜炒肉其实做法很简单，把新平腌菜切碎，肥瘦肉剁成肉末或瘦肉切片，将两者用大火一爆炒，一盘开胃菜就可以出锅上桌了。

山苏干巴、腊鲁菜、烂呼豆、手撕凉鸡、炸花生……一道道包含了当地彝族、傣族、汉族的新平特色菜肴，它们或鲜，或香，或酸，或辣，让人才看一眼就生出无尽的食欲。看那边那个小孩，同桌的大人还没来得及开吃，就已经伸出胖乎乎的小手，从桌子上偷了一点山苏干巴塞在嘴里，眼睛还直愣愣地盯着手撕凉鸡里的鸡大腿。而另一桌那个漂亮的美女，一开始还小口小口很斯文地吃着，可转眼就开始没了吃相，嘴里还塞得满满的，手又已经不甘示弱朝着碗里快速伸去。而另一桌的一个壮汉尤为夸张，看样子不是很会吃辣的东西，手里的筷子夹着一大块戛洒牛肉，不客气地朝蘸水里蘸，额头上已经沁满了汗珠，舌头呼呼喘着辣气，却还直呼过瘾。

美景配美食，美食伴美酒，此时此景，醉在花间，品千桌万人磨盘宴，不由得让人想起唐伯虎在《桃花庵歌》里的诗句："酒醒只在花前坐，酒醉还来花下眠。半醒半醉日复日，花落花开年复年。但愿老死花酒间，不愿鞠躬车马前。"

醉在花间，美丽的彝族姑娘，唱着敬酒歌，豪爽的彝族汉子，说着祝酒词，来到桌边，与你共对酒歌，一起饮酒。来自天南海北的人们，从陌生到熟悉，共聚一席，大块吃肉、大碗喝酒，岂是"畅快"二字所能形容的！

不远的草地上，身着民族盛装的彝家人，弹起三弦琴，跳起柔韧灵活的"烟盒舞"、情绪欢畅的"罗作舞"，动作优美的舞蹈、韵律独特的音乐给人感觉热情而奔放。

舞台上，磨盘宴花仙子的评选正如火如荼地进行着，那些美丽的花仙子，就像磨盘山上那漫山遍野的火红的马缨花一样，娇俏美丽。她们从舞台上款款走来，每一个食客都是观众，也是评委，谁最美，你有权投票决定给谁"花仙子"这个称号。

碧绿的松毛席上摆满了一道道美味佳肴

关于千桌万人磨盘宴，有这样一个传说：相传，在很久以前，磨盘山有个能人，他神通广大，力大无比，人们都尊称他为赫白租大王。赫白租大王专为贫苦的彝族人打抱不平，他率领着磨盘山、鲁奎山一带上万的彝族人打下县衙门，又去打州府衙，引来朝廷官

醉在花间，千桌万人磨盘宴

兵一次又一次的围剿。有一次，官兵组织十几万将士直逼赫白租大王驻扎的山寨营盘，想一举攻下，大王凭着自己的才智和神力，指挥彝军苦苦奋战了三天三夜，打退了官兵的一次又一次进攻，获得了胜利。四乡八寨的人会聚到磨盘山庆祝胜利，大王心里也很高兴，他下令将士们杀了 88 头牛、99 头猪、110 只羊，选一块大草甸摆上千桌宴席。数万彝家人欢聚共宴，歌舞欢庆，欢乐了三天三夜。从此以后，人们为了纪念赫白租大王和这次胜利，每年磨盘山的彝家人都会选出一个日子，从各村各寨会聚到磨盘山，杀猪宰牛，共办宴席，斟酒欢歌，一代传一代。

起风了，那随风飘落的樱花，也像极了热情好客的新平人。花落酒中，酒被它染红了；落在菜中，菜被它拌香了；落在品尝的人怀中，酒不醉人，人已醉了。

传奇褚橙醉红河

褚时健1928年出身在玉溪市华宁县的一个农民家庭。他76岁来到新平县戛洒镇新寨梁子基地承包了2400亩荒山，举债千万，用了10年时间，85岁的他从“烟王”成功变身为“橙王”。

每年10月的褚橙庄园，放眼望去，密密匝匝的橙叶，簇拥着雪白的橙花、金黄的橙子，煞是诱人。

走进庄园，一位80高龄的老人安静地站在橙树下，他就是庄园的主人褚时健。

静静地看人生，慢慢地回头，那些往事里总有一些迷惘，只想平实地记录这位老人的所做所为。

褚时健1928年出身在玉溪市华宁县的一个农民家庭。知天命的年纪就任玉溪烟厂厂长，18年的时间打造了红塔帝国，在最巅峰时折戟沉沙身陷囹圄。然而褚时健是“真的猛士”，他76岁来到新平县戛洒镇新寨梁子基地承包了2400亩荒山，举债千万，用了10年时间，85岁的褚时健从“烟王”成功变身为“橙王”。

褚时健的2400亩橙园完全置于哀牢山亚热带河谷气

候中。哀牢山自然保护区海拔2080米至3165.9米，为国家级自然保护区，是联合国“人与生物圈”定位观察点。峰峦叠嶂、雄天坷居、云蒸霞蔚、气象万千的原始森林苍苍茫茫，有以称之为“植物活化石”的桫罗树为首的1016种高等植物，以及众多的省级保护植物物种。被誉为镶嵌在植物王国皇冠上的一块“绿宝石”。如此优越的自然环境，正是柑橘类果品最理想的生长环境。“褚橙”喝的是山泉水，20个水坝让整个橙园都用上了从国家森林公园石缝中流出来的水，即使在最干旱的年头，也能保证水的供应，而且这些水都经过细沙过滤，比市场上的矿泉水还要好。每一棵橙树在生长过程全部都是人工剪枝。一棵树结240至250个果子正好，太多也要剪掉，会抢营养。一棵树从生长到结果，几乎要砍掉三分之一的枝叶，才能让果子得到充足的光照和通风。由充足的农家肥料和含高钾高钠的“烟梗”混合而成的独特有机肥，是“褚橙”的独家秘诀。橙树不但得到充足营养，让杆茎在后期能健康生长，更可以保证果实的稳定性。而用这种最天然的方法还能防治病虫害，不施化肥，不打农药，做到真正的“有机”。褚橙果肉纤维细而脆，入口即化，皮薄汁多，口感清甜，糖酸比严控在20/1～25/1间。质控如此严格，所以褚橙广受欢迎、供不应求。

“褚橙”的成功，正是哀牢山、红河谷的自然气候与褚时健的独具慧眼共同孕育的产物。作为新平人，是会骄傲和自豪的。从此，褚时健与新平有了某种分不开的联系、割舍不了的情分。

褚时健的金泰果品公司通过在新平县戛洒镇新寨梁子基地10多年的发展，投入各类设施建设资金达7400万元，建成的2400亩冰糖橙全部已进入盛果期，年产橙子8000吨，利润超过3000万元。基地内有120户农户作为管理人员分片承包管理，年总收入达310万元，户均收入2.58万元。金泰

❶ 劳作
❷ 甜橙丰收

收获

果品公司带动周边群众发展柑橘 3700 余亩，农民每年可增收 2000 万元。通过发展柑橘种植，周边群众每年可增加家庭经营性和劳务收入 2310 万元。

对于褚时健来说，人生似乎永远没有终点。由公司承建的精品冰糖橙庄园计划总投资 2.3 亿元，预计在 2016 年 3 月建成，目前位于戛洒新寨的庄园中心功能区主干道改扩建工程已完成，进驻桂山工业园区的选果厂及果汁厂建设已完成三通一平工程。今年公司将在戛洒镇、漠沙镇扩建生产基地 3200 亩，公司总的生产基地面积将达 6000 亩。

当我们以一种平淡的心情打开记忆时，看那些留在岁月里的心结便宛如天上飘动的云，卷卷舒舒，而许多美好的或者不美好的感觉就会扑面而来，因为淡泊，所以便可以从容面对。

褚时健种的橙就像他的人生，甜中带酸。也许这才是真正的人生况味吧。

舞动的新平

新平的民族歌舞有几多？有民谣直接作答："我们的山歌有林中的树叶一样多，我们的舞蹈有岭上的花朵一样多。""我们的歌声像夜莺欢鸣、百灵歌唱，我们的舞蹈像箐鸡亮翅、孔雀开屏。"这里所列举的只是莽莽林海中的几片绿叶，千山万壑中的几朵小花。

夜幕降临，华灯初上，新平民族广场一片热闹的海洋，歌声阵阵绕桂山，舞姿翩翩映甸河。新平，歌的海洋，舞的海洋。

新平歌舞，源远流长。清代新平拔贡李朝相的《竹枝词》生动形象地概述了新平当时文化艺术活动的盛况："月谈一会洞经宣，乐奏和声达九天……"歌舞源于生活、折射生活、美化生活，歌舞是民间思想的流淌，是百姓悲欢离合的抑扬，是民众酸甜苦辣的影像。新平土地广袤，民族众多，歌舞形式多样、五彩缤纷，均伴随着节日喜庆展开。如彝族的火把节、朝山会、赏花节，傣族的"花街节"，哈尼族的祭母节、红蛋节等等。新平各民族的歌舞，如牢哀山中璀璨的星辰般璀璨，似春花一样绽放。

万人同跳烟盒舞

烟盒舞。扬武素有“烟盒舞之乡”的美誉，每逢节日、聚会、祭祀、婚嫁、丧葬等活动，都少不了要跳烟盒舞。

烟盒舞又称“跳乐”，彝语叫“渣朵比”（团团转着跳），“尼羞比”（跳小姑娘）。传说在很早以前，山民们在收割高粱时，发现高粱杆能发出清脆的声音，用两根高粱杆子互相敲打发出的声响更加动听，于是高兴得边敲高粱杆边跳动起来，互相模仿跳跃欢乐，边跳边转，这就形成了原始的“跳乐”。后来，用牛皮压制的烟盒作为道具，单手弹奏，双手弹奏，烟盒还可作为盛物之用，男的装烟，女的装粉或细软物品。再后，用松木或红椿木制作烟盒。烟盒成了“跳乐”必备的道具，“跳乐”也自然演变为“烟盒舞”。

烟盒舞的产生与生产劳动密切相关，充满了浓厚的生活气息。大部分舞蹈套路和基本动作，带有原始生产的痕迹。

还有什么在蓝天下肆意地舞动，让人感到最幸福的

《疙瘩调》的动作，再现了古代刀耕火种的劳动场面；《盐巴加辣子》《铜壶煨开水》《阿篾桌节嫫（大嫂煮饭人）》等，则从不同侧面反映了彝族民间的风土人情、生活琐事。鲁奎山一带的妇女们，运物始终用背篓，难怪民间艺人们总结了这样的艺诀："背千斤坠，跳乐不觉累。""若要学跳乐，先学背背篓。""下跪能转身，姑娘身材真。"高度概括了烟盒舞动作的内在动律。

扬武烟盒舞以月琴为主要伴奏乐器，配以小三弦和任何地方、任何舞蹈没有的小牛角二胡组成固定的伴奏乐器，形成了扬武烟盒舞独特的伴奏特点。

近年来，扬武镇为了充分挖掘、整理和展示民间传统文化资源，着力打造彝族烟盒舞品牌，2005 年 10 月成立了扬武烟盒舞传播有限公司，申请注册了烟盒舞商标，建立了"烟盒舞之乡——扬武"网站，建成了扬武烟盒舞大广场，举办了烟盒舞文化学术研讨会。至今举办了八届彝族民间烟盒舞文化节。烟盒舞成了新平彝家文化的灵魂。

早在1953年，扬武烟盒舞队就到过昆明演出，受到专家的关注和群众的好评。先后代表市、县参加全国艺术节上的表演并获奖。扬武烟盒舞文化节荣获2005云南省特色旅游节目盘点年度最具影响力民族节庆活动、中国首届彝族花鼓舞大赛三等奖、第十届中国民间文艺“山花奖”、全国“鼓舞鼓乐”展演金奖。省、市、县组织的有关调演、表演活动上，多次获得一等、二等、三等奖。为了展示烟盒舞的文化魅力，扩大宣传力度，烟盒舞队七八十人曾身着彝族盛装，五次到北京表演，先后到天安门广场、天坛、八达岭、颐和园等地演出，观看者成千上万，受到来自世界各地和国内游客的赞赏。著名电影演员唐国强看到扬武烟盒舞非常感兴趣，同表演的全体演职人员一一握手、合影留念。

花鼓舞。平甸乡磨皮村，这个古老的彝族山寨，坐落在彝族火把节取火种的圣山——磨盘山西面，像彝山的守护神一样，安详静卧在半山腰。

这个古老的彝族村寨，以村冠名的“磨皮花鼓舞”远近闻名，中外游客和专家、文艺工作者慕名纷至沓来。中央电视台一频道曾对磨皮花鼓舞做过专题报道，美国康涅狄格学院艺术系的师生们、日本文化司官员和学者等外国朋友也曾亲自实地进行参观、考察，同村民们一起舞蹈、切磋技艺。

磨皮花鼓舞 1956 年到省城昆明参加全省民族民间舞蹈会演获最佳节目奖，作为新平县民族民间歌舞重点节目，分别参加了三地州县少数民族运动会，历届县庆活动都少不了这个活动。

磨皮花鼓舞历史悠久、源远流长。

磨皮花鼓舞必须 15 人以上方能进行。表演时大鼓、锣、镗、大钹伴奏队在场边站成一排，表演者男性持兵器舞蹈，所用兵器有大刀、双刀、双节棍、枪、三尖叉戟、勾镰。所有兵器上扎有红、绿布条。女性腰系红绸，身背花鼓，手执鼓棒、白毛巾。由一名左手持捆有白鹇翎、雏鸡尾木棍，右手执白毛巾的男子领舞。在舞蹈

过程中，用事先规定好的牛角号声（现在用哨子）的长短、次数多少指挥、变换场面。整个表演中，锣鼓喧天、刀光剑影、呼声阵阵。表演者认真严肃、节奏铿锵、姿态优美、动作豪放、振奋人心。充分体现了彝族人民勇敢彪悍、耿直豪爽的性格和气质。

磨皮人打造了属于自己的鼓舞，鼓舞给磨皮人带来了无穷力量、无限快乐！

磨皮人世世代代踏着鼓声向前，在鼓声中，磨皮发生着翻天覆地的变化。

但愿鼓声敲得更响，响得更远。

银铃舞。“银铃舞”实名“傣雅银铃操”，创作于20世纪90年代。该舞演出后，深受广大群众的喜爱和专家的高度好评，曾荣获国家、省、市级大奖。

在轻松明快的音乐声和银铃声中，一群妖娆美丽的傣雅小卜少迈着轻盈、柔美的步伐展示在观众面前。她们时而似侧身穿越竹林，或逶迤行走于槟榔树下；时而似缓步行于弯曲的田埂之上，或结伴列队漫步花街之中；时而似在明媚阳光下冲凉洗浴，或在芭蕉林中健身休闲……

舞蹈具有鲜明的时代特征，充分反映了花腰傣人民积极向上、建设美好家园、享受美好生活的情景。舞蹈具有较强的抒情性、娱乐性和趣味性，给人以美的享受、愉悦的心情。舞蹈还具有较强的展示性，把花腰傣艳丽夺目的服饰、精致的秧箩、别具一格的鸡坳斗笠展示给人们，并做到了道具、服饰和舞蹈的有机结合、相互衬托，靓丽夺目。舞蹈还有原生态的模拟性，但这种模拟，并非一般

各族儿女齐欢聚

生产生活形体的再现，而是源于生活又高于生活的再创造，用巧妙的舞蹈语汇进行虚实结合、形神兼备、惟妙惟肖（如搓背洗浴或健身等动作），既充满生活气息，又给人以丰富的想象空间。在2003年德宏州举办的三江流域傣文化研讨会上，“傣雅银铃操”的演出受到了与会专家、学者的高度赞誉和当地干部群众的热烈欢迎。在德宏州宾馆小舞台专门为嘉宾演出后，中央领导李长春同志还上台同演员们一一握手，祝贺演出成功，并合影留念。

“银铃舞”有深厚的生活基础。

新平花腰傣民间流传着大量的故事、传说和丰富的音乐、舞蹈。傣族人民历来喜歌好舞，世代相传的民歌民谣，成为他们友谊和爱情的表达工具，是抒情和自娱的精神食粮。接待宾客时唱的“酒歌”“祝愿歌”充满了友爱之情，表达出吉祥如意、一生平安的情怀，是傣族人民善良好客、慈心仁厚的胸怀的具体体现。在男女青年“串寨子”“赶花街”的

健身之舞

社交活动中，均采用一些甜蜜的情歌和舒缓的舞蹈做媒介。花腰傣虽然文字失传，但民间相传的“苦情歌”是他们苦难岁月的真实记载，“叙事歌”是他们古老文化的见证，“丧葬歌”“祭祀歌”等则带有浓厚的原始崇拜的痕迹。

傣族民间流传的“芦笙舞”“狮子舞”“大鼓舞”形成了花腰傣民间“傣舞三部曲”。

每年正月间“串寨子”时，小伙子们总会在小卜少会聚的织

房、绣楼或村边树荫下跳起“芦笙舞”，唱起“挑逗歌”，边跳边观察，物色心上人。这时，小卜少们也从半遮面的斗笠下面偷看小伙子们，寻找适合的意中人。在花街节上，男女老少邀约歌舞、对歌。男女青年在“串寨子”基础上，进一步结识了解心上人。农历六月二十四，为庆祝早稻丰收，各村寨摆酒设宴，吹笙起舞，尽情欢乐。

花腰傣的“芦笙舞”与彝族的“芦笙舞”有较大的区别。彝族“芦笙舞”，特别是彝族车苏人的“芦笙舞”粗犷豪放、刚劲奔放，而花腰傣的“芦笙舞”则轻松明快、潇洒自如，体现了不同的生活习俗、历史背景和不同的性格特征。

“狮子舞”主要用于拜年、贺寿、婚娶、祭祀时表演。傣雅称“跳老虎头”，傣洒、傣卡称“猫猫舞”，是由傩戏、傩舞演变而成的舞蹈艺术形式，是花腰傣人信奉万物有灵的一种体现。“狮子舞”刚强有力的动作，表现了花腰傣人柔中带刚的另一性格特征。

“大鼓舞”是祭祀性舞蹈，是丧葬活动中的专属舞蹈。舞蹈分“进堂”“绕棺”“跳乐”“过山”等套路，具有较强的层次感。傣族民间的吊丧，还夹有很多的逗乐嬉闹，用娱乐式的吊丧，消除守灵的寂寞和悲伤。参与的人越多越嬉闹，歌舞越热烈，主人家越体面，脸上更有光彩。《百夷传》中有描述：“诸亲戚邻人，各持酒物于丧家，聚少年百人，饮酒作乐，歌舞达旦，谓亡娱死，妇人聚众，击椎杆为戏，数日而后散。”这种习俗，至今仍在沿袭。

傣族是一个勤劳、智慧的民族。男子是扶犁、掌耙的能手，捕鱼、狩猎（过去）的行家。女子是纺织、刺绣的高手，捕捉黄鳝和料理家务的强者。他们在这片热土上耕耘，建设美丽家园。这片土地上，蕴含着深厚的文化底蕴。西汉时代的编钟、古老的染齿、文身、土陶，丰富的民居文化、服饰文化、饮食文化……这片土地上，处处充满着歌舞元素。傣族妇女爱美、爱干净，花腰傣小卜少进田捉黄鳝、伏机织布、低头绣花，会聚“经线”或列队出行、盛装漫步花街，步履轻盈，甩手、扭腰，神态自如协调……凡此种种，形成了天然的舞蹈韵律，也由此产生具有感染力的舞蹈。

花腰傣的民族文化、民族歌舞正随着时代的前进，得到进一步的挖掘、发展。傣族民族歌舞之花正像江岸上的凤凰花，越开越红火。

广场舞。近年来，广场舞如雨后春笋般茁壮成长，迅猛发展。

广场舞是社会发展的必然产物。随着人们物质生活的不断提高，渴望得到多样的精神文化生活，广场舞便应运而生，受到人们的青睐。广场舞是广场文化的重要组成部分，广场文化在新平历史悠久。

早在建县初期的明朝嘉靖年间，在城西建盘龙寺时，为体现新平文明礼仪之邦的形象，在寺内建起戏台，每逢节日、庙会便大唱花灯、滇戏。县城内的街头也建了四五个戏台，供演艺人员表演，唱戏蔚然成风，由此培养出了一大批戏迷和广场文化爱好者。在1945年至1947年抗战时期，新平艺人李子清在小花园开了三个茶馆，在茶馆前搭了一个简易戏台，一班爱戏如命的新平人在这里日夜唱起了板凳戏，吸引了不少戏迷和广场文化爱好者。在外来知名艺人黄伯先、董竹君、陈炳忠、竹兰芳等人的影响和指点下，新平的艺人们纷纷粉墨登场，连连推出了一台台精彩节目，使得戏迷们痴狂。就是这些先辈们，为新平戏曲的发展积累了宝贵财富，为新平的广场文化奠定了坚实基础。新中国成立后，县文化馆建在李子清茶馆处，这里便成了当时县城的文化活动中心。

20世纪80年代初，先后扩建小花园，建设县城中心广场、桂山公园等，广场文化更加活跃起来。每当天将破晓，各个公园便响起乐声，随处可见舞影和晨练的人群。每当夜幕来临，各个公园内聚拢很多人，有的在跳烟盒舞，有的在跳芦笙舞，有的在跳傣族舞，有的在跳现代舞或其他民族舞，也有的在对山歌。每当农闲时节或街天、节假日，乡镇农村的群众会穿戴一新，到广场、公园跳四弦舞、小乖乐。

新平县在城南建起了大型民族文化广场。民族文化广场绿树环抱、青草茵茵、鲜花开放。清晨，人们在体育场、河滨公园、民族广场跑步健身、做操、跳舞、遛鸟、爬山……夕阳中，人们从四面八方涌向广场，进行着各自喜爱的活动。在众多广场文化活动中，有一个耀人眼目的亮点，就是围着音乐喷泉进行的大型广场舞蹈。不论春夏秋冬，不论严寒酷暑，每晚七点，舞曲准时响起。这里会聚了城市居民、农民、工人、游客、机关干部，男女老少数千人，里三层外三层，共同翩翩起舞。

每年火把节在这里举行盛大的点火仪式、万人同跳烟盒舞的活动，这里是有名的“千桌万人磨盘宴”设席场地。腾格尔、“凤凰传奇”、“黑鸭子组合”、甘萍等一大批著名歌手、艺术家们曾在这里演出；一台台精彩纷呈的节目在这里使成千上万的人们倾倒，欢声雷动、喝彩声声。一个个民族民间歌舞精品节目在这里展示，使人们激动、振奋。

站在高高的帽耳山顶，放眼眺望，每座山都似乎在翩翩起舞，每条河流都在放声歌唱。哀牢山原始森林的涛声仿佛在吟诉着千百年的歌谣，戛洒江滚滚的浪花似乎在昭示着千百年的舞蹈。

莽莽苍穹峰峦铭刻着这块土地上之变迁，笙歌、弦舞演绎着这块土地前进之足迹。

是人，是这片热土上祖祖辈辈的人们，使这里的一切发生着巨变。他们用聪明的才智、用艰辛的汗水浇灌，孕育出让哀牢山装点锦绣、使戛洒江披挂彩虹的一朵朵璀璨夺目的艺术奇葩。